당신의 일은 안녕하십니까

"AI SHITSUGYO" ZEN-YA

– KOREKARA 5-NEN, SHOKUBA DE OKIRUKOTO

Copyright © 2018 by Takahiro SUZUKI

All rights reserved.

First published in Japan in 2018 by PHP Institute, Inc., Tokyo

Korean edition published by arrangement with PHP Institute, Inc., Tokyo in care of

The English Agency (Japan) Ltd. Tokyo through Duran Kim Agency

AI 시대, 절반의 직업이 사라진다

당신의 일은
안녕하십니까

스즈키 다카히로 지음, **부윤아** 옮김

매일경제신문사

"AI가 일자리를 빼앗는다고? 무슨 꿈같은 소리야!"

인공지능이 진화하면 가까운 미래에 당신의 일자리가 사라진다는 말을 듣고 혹시 속으로는 이렇게 생각하지 않았는가?

인공지능이 경제에 미치는 영향에 대한 관심은 높다. 하지만 사회학·경제학 관점에서 연구하고 있는 연구자는 아직 상대적으로 적은 편이다. 덕분에 나도 다양한 자리에 초청되어 인공지능이 발전하면 경제의 미래가 어떻게 바뀔지에 대해 이야기할 기회가 늘었다. 사람들은 이 주제에 대부분 적극적인 관심을 보인다. 하지만 논의가 끝나고 자리를 옮겨 삼삼오오 담소를 나눌 때면 "현장에서는 오히려 인력 부족 문제에 직면해 있어요."라며 나를 설득하기 시작한다.

"인공지능이 사람의 일자리를 빼앗아서 인력이 남아돌게 되면 지금처럼 인력 부족으로 곤란한 일은 없을 텐데, 그런 시대는 올 것 같지 않단 말이지." 누군가가 이렇게 말하면 주위 사람들은 일제히 공감의 웃음을 터트린다.

많은 사람이 인공지능의 영향력에 대해서는 인정하지만, 인공지능이 세상을 바꾸는 것은 아직 한참 먼 일이라고 생각한다. 대부분의 경영자가 생각하는 현재의 경영 과제는 저출산·고령화가 진행되고 있는 사회에서 디플레이션 압력을 받으며 어떻게 비즈니스를 성장시킬 것인가이다. 그들은 현재 우리 사회가 직면한 문제가 인공지능이 일자리를 소멸시키는 것과는 무관하다고 생각한다. 하지만 현대 사회가 껴안고 있는 여러 문제는 인공지능과 떼어놓고 보려고 해도 그럴 수 없는 상황이다.

- 왜 빈부의 격차가 커지고 있는가?
- 왜 비정규직은 계속 증가하는가?
- 왜 노동 방식 개혁을 외쳐야 할 만큼 노동 환경이 열악해졌는가?
- 왜 생산성을 아무리 올려도 소득은 늘어나지 않는가?
- 왜 새로운 계급 사회라는 말이 등장하고 최하위층 인구 비중이 늘어나는가?

지금 우리 눈앞에 놓인 노동과 소득에 관련된 사회·경제 문제의 배경에는 인공지능이 존재한다. 특히 인공지능을 경제적 측면에서 연구하면 할수록 문제의 심층 구조가 여실히 드러난다.

인공지능이 발전하여 일자리가 소멸되는 것은 먼 미래의 이야기가 아니다. AI로 인한 실업은 30년 전부터 이미 시작되었고, 현재 진행형으로 나날이 그 기세를 더하고 있다. 메가뱅크은행 간 인수합병을 통해 만들어진 초대형 은행는 앞으로 10년에 걸쳐 수만 명 규모의 일자리를 줄이겠다고 발표했다. 핀테크와 인공지능으로 사무 작업이 자동화되어 은행원의 일이 줄어들기 때문이다. 한 분야에서 일자리가 사라지면 새로운 성장 시장으로 고용 시장도 이동한다. 이런 이동이 순조롭게 진행되면 좋겠지만, 은행원이 일자리를 잃는다고 해서 간병인이나 요양보호사가 일하는 현장의 인력 부족 현상이 해결되지는 않는다.

화이트칼라의 일자리, 즉 두뇌 노동과 관련된 중장년층의 일자리는 인공지능에게 빼앗기는 반면, 젊은 노동력을 원하는 블루칼라의 일자리는 아무리 구인을 해도 사람이 모이지 않는다. 일자리가 소멸하는 현장과 부족한 현장 사이에 커다란 불균형이 생기는 것이다.

이 책의 전반에서는 우선 현재 노동시장에서 인공지능이 가져온 다양한 변화와 문제의 구조를 살펴본다. 왜 일을 해도 생활은 나아지지 않는가? 왜 노동개혁이 사회 문제로 논의되고 있는가? 이런 의문점을 인공지능을 중심으로 해명한다.

후반에서는 AI 실업 이후 우리 사회에 어떤 일이 일어날지 논한
다. 후반부의 내용은 현재부터 2045년까지의 미래에 대해 쓴 전작
《일자리 소멸: AI 시대에 살아남기 위해 지금 우리가 할 수 있는 것》
의 내용을 포함한 개정판이다. 전작에서는 '인공지능으로 변화할 인
류의 미래를 경제적인 측면에서 예측한다'는 관점에서 고찰한 내용을
하나의 책으로 정리했는데, 한 가지 문제가 생겼다. 독자들이 '20년
후'에 일어날 극적인 변화라는 점에 지나치게 집중한 것이다. 이런
독자의 반응과 앞에서 말한 경영인들의 반응은 같은 맥락이다. AI
실업은 20년 후에야 발생할 사회 문제라고 받아들인 것이다. 하지
만 실제로는 그렇지 않다. AI 실업은 지금 현재 일어나고 있는 눈앞
의 사회 문제다. 따라서 이 책에서는 시간 축을 과거부터 현재, 그리
고 지금부터 5년 후, 최장 10년 후까지로 설정하여 인공지능의 발전
에 따른 사회 변화를 고찰하는 데 초점을 맞췄다.

　이 책에서 언급할 주된 시간 축은 5년에서 10년 후라는 가까운 미
래다. '5년 사이에 그렇게 큰 변화가 일어나겠어?'라고 생각할지도 모
르지만, 닛산-르노 공동 연구팀은 2022년에 사람이 전혀 필요 없는
레벨5의 완전 자율주행차를 시장에 투입하겠다는 목표를 내세웠다.
이것은 불과 3년 후의 이야기다. 5년이라는 시간 동안 장난감 수준이
었던 IT 기계는 극적으로 진화할 것이다. 1995년에 카시오에서 최초

로 상용 디지털 카메라를 발매하여 상당히 인기를 얻었다. 당시 사진업계는 '저것은 장난감이다'라며 매도했지만, 5년 후 디지털 카메라는 200만 화소에 달하며 필름 카메라의 본격적인 쇠퇴를 초래했다. 2012년에 딥러닝을 시작한 인공지능 알파고는 5년 후인 2017년에 바둑 세계 챔피언 이세돌을 상대로 승리를 거뒀다. 지금부터 5년, 10년 후 미래에 일어날 일은 우리가 지금부터 반드시 생각해야만 할 문제다.

지금, 2019년은 다가올 AI 실업의 전야다. 아직은 인생 설계를 바꿀 시간의 여유가 남아 있다. AI 실업이 눈앞에 닥치기 전에 변화할 미래 모습을 함께 들여다보면 어떨까.

CONTENTS

제1장

AI 실업을
둘러싼 세계

어떤 식으로 직업은
소멸해갈까?

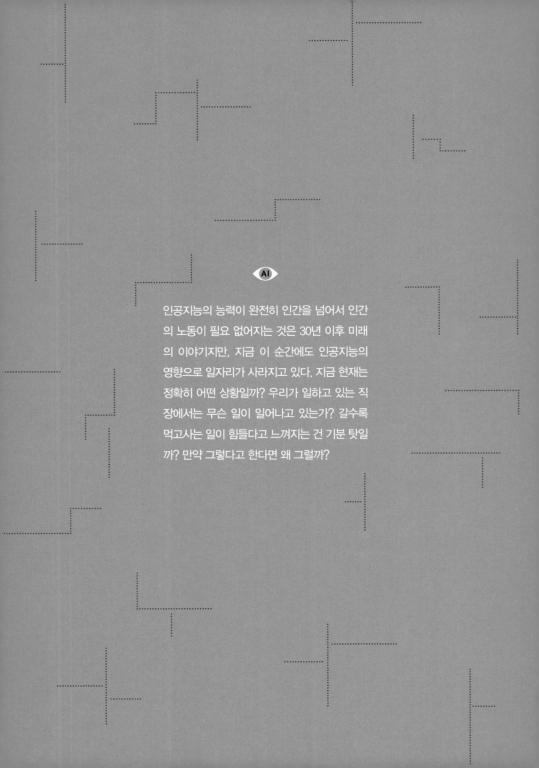

인공지능의 능력이 완전히 인간을 넘어서 인간의 노동이 필요 없어지는 것은 30년 이후 미래의 이야기지만, 지금 이 순간에도 인공지능의 영향으로 일자리가 사라지고 있다. 지금 현재는 정확히 어떤 상황일까? 우리가 일하고 있는 직장에서는 무슨 일이 일어나고 있는가? 갈수록 먹고사는 일이 힘들다고 느껴지는 건 기분 탓일까? 만약 그렇다고 한다면 왜 그럴까?

인간을 앞서기 시작한
인공지능

세계 1위 슈퍼컴퓨터, 케이

우리 뇌의 계산 처리 능력은 컴퓨터보다 빠를까, 아니면 느릴까? 이 문제에 대한 답을 들어본 적이 있는가?

인간의 뇌에 대해서는 아직까지도 모르는 부분이 많다. '의식은 어디에서 발생하는가?', '사고와 기억의 메커니즘은 어떻게 되어있을까?'와 같은 뇌의 근본적인 구조는 아직 의학적으로 완전히 해명되지 않았다. 그래서 지금도 여전히 다양한 형태로 인간 뇌의 계산 능력을 추론하는 연구가 진행 중이다.

레이 커즈와일Ray Kurzweil은 인공지능의 능력이 인류 전체의 두뇌를 능가하는 날을 특이점 Singularity 이라고 명명했다. 그의 저서 《특이점이 온다: 기술이 인간을 초월하는 순간》에서는 인공지능의 발전에 대해 설명하면서 인간 뇌의 계산 능력에 대한 연구를 소개한다. 한 연구의 결과, 망막이 눈으로 들어오는 영상 정보를 처리하는 속도로 뇌 전체 처리 능력을 환산해보면 1초 동안 10의 14승 100조 회의 계산을 할 능력이 있다고 한다. 또 다른 연구에서는 소뇌의 기능을 시뮬레이션한 수치를 뇌 전체 기능으로 환산하여 10의 15승 1,000조 회의 계산을 하는 것으로 추정했다. 커즈와일은 이런 연구가 아직 초기 단계임을 감안하여 인간의 뇌는 1초 동안 10의 16승 1경 회의 계산을 할 능력이 있다고 상정했다.

이제 일본이 자랑하는 슈퍼컴퓨터 케이京의 이야기를 해보자. 일본 정부의 행정 회의에서 국가 예산 재검토 사업을 분류하면서 이 슈퍼컴퓨터의 예산을 100억 엔 감축했다. 굳이 1위를 목표로 해야 하는지 의문스럽다는 이유에서였다. 예산이 감축되면서 프로젝트의 앞날이 위태로워졌지만, 관계자들의 노력으로 2011년에 슈퍼컴퓨터 케이는 세계 1위 자리를 획득했다.

케이는 일본어로 경京을 의미한다. 수의 단위로 만, 억, 조 다음 단위가 경이다. 케이라는 이름은 1초 동안 1경 회의 계산 처리를 할 수 있는 컴퓨터라는 의미에서 유래했다. 실제로 케이는 이 목표를 세계 최초로 달성했다.

눈치챘겠지만, 1경 회는 다시 말하면 10의 16승 회를 의미한다. 즉 슈퍼컴퓨터 케이는 역사상 처음으로 인간의 뇌와 동등한 처리 능력을 지니게 된 컴퓨터다. 그리고 2011년 이후 개발을 거듭하여 인간의 뇌보다도 빠른 계산 처리 능력을 발휘하기 시작했다.

새로운 시대의 시작

하지만 여기까지는 하드웨어의 진화에 대한 이야기일 뿐이다. 오토 바이는 약 100년 전부터 인간보다 빨리 달릴 수 있었고, 증기기관차 는 19세기에 이미 인간보다 힘이 셌다. 밀을 제분할 때는 사람의 힘보 다도 풍차를 이용하는 편이 훨씬 빠르다. 처리 능력만 비교한다면 '그 게 뭐 대단해?'라는 이야기다.

우리가 주목할 부분은 하드웨어 성능이 인간의 뇌를 추격한 다음 해에 또 하나의 기술 혁신이 일어났다는 것이다. 2012년 구글이 세 계에서 처음으로 '스스로 학습하여 고양이를 인식하는 인공지능'을 개발했다.

그전까지 인공지능은 미리 '고양이의 특징이 무엇인가'를 인간이 정의해주지 않으면 이미지 속에 있는 것이 고양이인지 아닌지를 판단하지 못했다. 구글은 특징을 정의해서 일일이 프로그래밍하는 방식에서 벗어나, 유튜브에서 1,000만 장의 이미지를 골라내어 '이것은 고양이다', '이것은 고양이가 아니다'라는 정보만을 주고 인공지능이 고양이를 스스로 구분하게 만드는 데 성공했다. 이것이 딥러닝 심층 기계 학습이라는 신기술로 인공지능 개발 분야에서는 50년 만의 약진이라고 불리는 위업이다.

지금 일어나고 있는 인공지능 붐의 기초가 되는 발명 및 발견은 2011년과 2012년에 일어났다. 이때를 터닝포인트로 인공지능은 인류의 능력을 넘어서기 시작했다. 2011년에는 하드웨어가, 2012년에는 소프트웨어가 인간의 뇌와 맞먹는 기능을 갖게 된 것이다.

조금 다른 이야기이지만, 고대 멕시코를 중심으로 번성한 마야 문명의 달력이 2012년에 끝나는 것을 두고 2012년 인류 종말론이 널리 퍼진 적이 있다. 당시 그럴싸한 책들이 발매되어 화제가 되었고 〈2012〉라는 제목의 할리우드 영화도 크게 흥행했다. 하지만 당연하게도 2012년에 인류는 멸망하지 않았다.

마야 달력을 연구하는 전문가에 따르면, 마야 달력에 인류가 멸망한다는 기록은 없다. 다만 2012년에 이전까지의 큰 시대가 끝나고 새로운 시대로 접어든다는 의미일 뿐이라고 한다. 실제로 2012년을 경계로 인공지능이 인류의 능력을 능가하는 시대가 시작되었다는 점은 기묘한 일치다.

AI 실업이란 무엇인가

2012년을 경계로 인류의 미래 연표는 크게 바뀌기 시작한 것으로 보인다. 이때부터 전 세계 연구자들은 일제히 인공지능 발전이 우리 사회에 초래할 환경 변화를 예측하기 시작했다. 그중 2014년에 옥스퍼드 대학의 마이클 오스본Michael A. Osborne 교수 연구진이 발표한 논문은 세계에 충격을 주었다. 이대로 가다가는 앞으로 20년이 채 지나기 전에 인류의 일자리 중 절반이 인공지능이나 기계로 대체되어 소멸될 가능성이 있다는 내용이었다.

오스본 교수는 노동 인구 비율이 높은 702가지 일자리를 연구하여 인공지능으로 대체될 확률을 산출했다. 그 값을 영국 노동 인구에 적용한 결과, 전체 일자리 중 47%가 사라진다는 계산이 나왔다.

세계경제포럼으로 알려진 다보스포럼에서도 AI 실업은 가장 뜨거운 의제로 거론되었다. 2016년 첫 번째 회의에서는 구체적인 시뮬레이션 결과가 발표되었다. 리포트에 따르면 선진국에 해당하는 15개국 각 지역에서 향후 5년 동안 510만 명이 인공지능에게 일자리를 빼앗긴다. 여기서 510만 명이라는 수치는 사라지는 일자리에서 새로 생길 일자리를 뺀 값이다. 세부 내용을 들여다보면 인공지능 발전에 따라 새롭게 생기는 일자리 규모는 200만 명, 사라지는 일자리는 710만 명에 달한다. 사라져가는 일자리가 새롭게 생기는 일자리보다 훨씬 더 많다는 의미다.

지금까지의 자본주의는 기술 혁신에 따른 생산성 향상을 긍정적인 현상으로 여겨왔다. 산업 혁명이 일어나 기존의 모직물 장인이 기계에 일자리를 빼앗겨도 모직 산업 자체의 생산성이 현격히 올라가면 더 많은 새로운 일자리가 탄생했다. 그러므로 기술 발전으로 국소적인 실업이 발생하더라도 대국적으로는 경제가 발전하고 새롭게 많은 일자리가 생겨 실업자가 새로운 일자리로 흡수된다고 생각했던 것이다.

그러나 20세기 후반 인터넷 비즈니스가 출현하면서 기술 혁신에 대한 이런 정설에 의문이 생기기 시작했다. 인터넷 비즈니스는 기존 산업의 규칙을 송두리째 무너뜨렸고 사람들은 인터넷 비즈니스가 산업에 미치는 악영향을 경계하기 시작했다. 200년 전에 각종 기계의 등장으로 일자리를 잃게 된 영국 노동자들이 기계 파괴 운동인 러다이트 운동Luddite Movement을 일으킨 것처럼, 첨단 과학 기술 문명에 반대해 반기술과 인간성 회복을 기치로 내걸고 펼치는 네오 러다이트 운동Neo Luddite Movement이 필요하다는 논의가 일어난 시기도 20세기

후반 무렵이다.

결과적으로 인공지능 선진국인 미국은 홀로 승승장구하며 경제 발전을 이뤘다. 그러므로 인터넷 혁명 역시 새로운 고용을 창출했다고 평가받는다. 하지만 한편으로는 미국 사회에 부가 편중된 것도 인터넷 비즈니스 때문이다. 세계적으로 보면 인터넷 비즈니스 강국인 미국과 중국은 경제가 크게 발전했지만, 일본은 경제 약소국으로 전락했다. 실제로 일본의 인터넷 비즈니스는 아마존, 구글, 트위터, 페이스북, 인스타그램이라는 미국 서비스를 따라가지 못한다.

미국 내에서도 캘리포니아 주나 뉴욕, 보스턴 같은 지역은 번성한 반면 러스트 벨트Rust belt로 불리는 중서부에서 북동부에 이르는 지역에는 실업자가 늘어났다. 이후, 빈부 격차에 대한 불만이 커진 사람들의 지지를 받아 도널드 트럼프 대통령이 등장했다. 트럼프 지지자 사이에서는 산업의 기술 혁신이 반드시 경제 전체에 긍정적이지만은 않다는 생각이 공공연하다.

기술 혁신이 빠르게 일어나고 더욱 빈번해지면서 기존의 이론과 달리 더이상 새로운 고용이 생기지 않을 가능성을 예상할 수 있다. 인공지능 시대가 되면 이것이 본격적으로 문제가 될 것이라는 경고의 메시지가 다보스포럼의 리포트에 담겨 있다.

정말 알파고가
내 일자리를 빼앗을까

전문 영역의 일자리가 먼저 소멸한다

그렇다면 인공지능은 어떤 방식으로 인류의 일자리를 빼앗을까? 우선 앞으로 일어날 변화의 포인트가 되는 주요 이정표를 제시해보겠다. 실제로는 각각 다른 제약 조건 때문에 구체적으로 일자리가 소멸하는 타이밍은 일자리별로 차이가 난다. 이 이야기는 이번 장의 후반에서 기술하겠다. 또 4장에서 상세히 설명하겠지만 일자리 소멸이 바로 실업으로 이어지지는 않는다. 국가가 반드시 어떤 형태로든 실업 대책을 세울 것이기 때문이다. 그렇다고는 해도 앞으로 일어날 거스르기 힘든 큰 변화의 흐름을 알아두는 것은 중요하다.

제일 먼저 세울 수 있는 큰 이정표는 앞으로 10년 동안 전문가의 일자리가 소멸한다는 것이다. 그 이유는 2012년에 딥러닝을 시작한 인공지능이 '전문형 인공지능'이기 때문이다. 2015년에 구글이 개발한 알파고가 바둑 세계 챔피언 이세돌을 이겼다는 뉴스는 많은 사람들이 기억할 것이다. 바둑처럼 정해진 규칙 안에서 전문 전략을 학습하는 것은 현재의 인공지능이 가장 잘할 수 있는 분야다.

알파고는 기본적인 바둑 규칙을 기억한 후에 프로 기사들이 대전했던 과거 수천 장의 기보를 학습했다. 학습 내용은 더욱 복잡하지만 기본적인 방식은 '고양이를 구분하는 학습'과 다르지 않다. 기보를 받아 어느 쪽이 최종적으로 이겼는지에 대한 정보만을 단서로 어떤 수를 놓았을 때 바둑의 규칙 안에서 유리해지거나 혹은 불리해지는지를 학습해 나간다.

물론 인간도 같은 방법으로 바둑을 학습한다. 스승들이 겨뤘던 바둑 기보를 동료들과 연구하면서 거기에서 새로운 전법과 정석을 만들어간다. 이때 문제는 같은 학습에 임했을 때 인간보다도 인공지능이 학습 속도가 빠르고 향상되는 수준도 높다는 것이다.

결국 알파고는 인간의 정점보다도 높은 곳에 도달하는 동시에 마지막에는 자신과의 대전을 거듭하게 되었다. 그리고 지금까지 인류가 생각도 못했던 최고의 대전 기록을 탄생시켜 바둑계에 선물로 공개한 후 2017년에 은퇴했다.

현재 개발 중인 자율주행차에 탑재될 인공지능은 운전 전문 인공지능이다. 교통 규칙과 차도에 대한 영상 정보, 도로를 달리는 다른 자동차, 바이크, 자전거, 보행자의 움직임을 인식하여 자율주행을 학습한다. 지금은 자율주행차가 시험 운행 도중 사고를 일으켜 문제가 되는 수준이지만, 인공지능이 도로를 달리는 법을 완벽히 학습하여 완성의 경지에 달하면 인간보다도 훨씬 안전한 운전을 하게 된다. 애초에 교통사고는 인간의 실수 혹은 고의적인 법규 위반으로 인해 일어난다. 즉 교통사고가 일어나는 원인은 인간이 불완전한 존재이기 때문이므로, 미래의 운전은 인공지능이 더 잘할 수 있는 분야가 될 것이다.

어떤 한 전문 영역에 한정하면 그 영역에서 인공지능은 인간보다도 똑똑한 존재가 될 수 있다. 앞으로 10년 동안에 여러 전문 분야의 인공지능이 똑똑하게 발전할 것이다. 결국 제일 먼저 전문가의 일자리가 사라지게 된다.

고액 연봉 지식노동자의 종언

변호사, 의사, 학자 같은 전문 분야의 일자리에 종사하는 사람을 지식노동자라고 한다. 지식노동자는 풍부한 전문 지식과 오랜 세월에 걸쳐 익힌 경험으로 일반 노동자보다도 높은 소득을 얻는다. 물론 지식노동자이면서도 낮은 임금에 만족하는 사람이 있기는 하지만, 상대적으로 고액 연봉을 받는 일자리다.

그러나 지식노동자가 하는 일은 지금 존재하는 기술의 연장선상에서 기술 혁신이 일어나면 거의 대부분 인공지능이 해낼 수 있다. 예를 들어 법률과 관련된 직업으로 변호사를 보조하는 패러리걸Para-legal이라는 법률 보조 사무원을 떠올려 보자. 패러리걸은 소송을 준비할 때 우선 비슷한 과거 소송 기록을 찾아본다. 과거 판례와 소송 논점이 되었던 사항을 철저히 분석하여 이번 소송을 어떤 방식으로 전개하면 유리할지 공판 전략을 세우기 위한 준비를 한다.

계약서를 검토하는 일도 마찬가지다. 일본은 계약서를 애매하게 쓰는 경우가 꽤 많다. 계약서 마지막에 '만약 이 계약에 대해 문제가 발생했을 시, 양방이 성의를 가지고 해결한다'라고 쓰는 정도다. 문제는 일어난 후에 생각하자는 일본 문화를 반영하는 내용이다. 따라서 일본에서는 계약서 검토를 변호사에게 의뢰하기보다는 법무부문의 담당자가 대충 확인하여 수정할 점을 지적하는 정도로 처리하는 경우가 많다. 하지만 소송사회인 미국에서는 이 작업의 중요도가 훨씬 높다. 계약서의 페이지 수도 수십 페이지부터 안건에 따라서는 수백 페이지에 이른다. 주요 내용뿐 아니라 세부 검토가 상당히 중요한 경우도 있다.

실제로 지인이 유명 바이아웃 펀드Buyout Fund. 기업을 인수하여 기업 가치를 높인 후 되팔아 수익을 내는 펀드 회사에 스카우트되어 글로벌 대기업에 임원으로 고용되었을 때 이런 일이 있었다. 계약서는 언뜻 보기에 평범한 고용계약서와 다르지 않았다. 문구대로 읽어보면 '회사의 사정으로 해고할 경우에는 1년분의 급여를 보증하고, 그 위에 보너스와 스톡옵션을 지급한다'는 내용이었다. 이것은 미국 기업에서 임원급 인재를 채용할 때 제시하는 흔한 조건이다. 그런데 펀드 측에서 준비한 계약서를 변호사가 검토했더니 거기에는 함정이 산더미처럼 많았다고 한다. 지인은 변호사의 조언대로 세세하게 수많은 항목에 대한 수정을 요구했고, 최종적으로 펀드 측이 합의하여 무사히 그 회사의 임원으로 일을 시작할 수 있었다.

1년 후 그 기업의 주식을 최고경영자가 매입했다. 매니지먼트바이아웃이라는 경영 수법이다. 회사의 오너가 펀드에서 최고경영자로 바뀌기 때문에 펀드회사에서 파견한 임원은 일제히 퇴사하게 되었다.

이때 처음에 계약서를 제대로 검토한 사람과 하지 않은 사람 사이에 큰 차이가 생겼다. 지인은 계약서를 수정한 덕분에 회사 오너가 바뀌어도 계약이 인계되어 총 5천만 엔 상당의 퇴직 패키지를 받아 퇴임할 수 있었다. 펀드에서 제시한 그대로 계약서에 사인한 다른 동료 임원은 거의 아무것도 지급받지 못하고 일자리를 잃었다. 기존 계약서는 펀드가 회사의 오너인 기간에만 퇴직 패키지의 계약이 성립했기 때문에, 최고경영자가 바뀌자 고용 계약은 무효가 된 것이다.

지인도 처음 변호사를 고용할 때는 수십만 엔의 비용이 아깝고 계약서를 수정하는 과정도 귀찮았다고 한다. 하지만 결과적으로 변호사를 고용한 덕분에 1년 후 5천만 엔이나 차이가 생긴 것을 보고 다시 한 번 계약의 중요성을 깨달았다. 글로벌 기업이 늘어나고 세계화가 진행되면서 점점 더 계약 문제는 중요해질 것이다. 이에 따라 변호사가 계약서를 검토하는 일은 수요가 늘어날 것으로 보인다.

통상 이런 소송 준비나 계약서 검토는 변호사 사무소에 갓 입사한 젊은이들이 대응해 왔다. 고도의 경험이나 노하우보다는 일정 수준의 법률 지식과 끈기만 있으면 할 수 있는 일이기 때문이다. 물론 시간과 노력이 많이 든다. 하지만 인공지능이라면 이런 일을 아주 간단하게 처리할 수 있다. 이는 결국 법학 대학원을 졸업한 젊은 변호사가 20대부터 30대 중반까지의 기간 동안에 종사할 법한 일자리가 향후 10년 안에 소멸하게 된다는 것을 의미한다.

이와 비슷하게 소멸하는 다른 지식노동자의 일자리를 살펴보자. 의사의 일 중에서도 '어쩐지 몸이 안 좋으니 병원에 가볼까?' 싶은 환자를 진찰하는 것은 인공지능에 무척 적합하다.

동네병원의 전형적인 진료 과정을 떠올려보자. 진료를 받으러 온 환자의 얼굴색과 상태를 보고 체온을 재고 심장 소리를 들어보고 목의 상태를 확인한다. 그 결과 '감기가 심해졌네요', '꽃가루 알레르기입니다'라고 말하고 약을 처방한다. 혹은 '노로 바이러스 가능성이 있습니다', '인플루엔자 검사를 해봅시다'라고 말하고 병원에서 가능한 검사를 시행한다. 다른 병일 가능성이 있을 때는 혈액 검사나 심전도, 초음파 검사도 한다. 대부분의 환자는 그 정도 검사로 진단 결과가 나오고, 의사는 약을 처방하거나 식생활 등 일상에서 주의해야 할 점을 알려준다. 보다 심각한 병일 가능성이 있는 일부 환자는 소견서를 써주고 큰 병원에서 전문의의 진찰을 받도록 한다. 이와 같은 진료 과정은 사실 인공지능이 대체하기 쉽다. 환자를 케어하는 간호사만 있으면 의학 지식을 활용한 전문적인 판단은 인공지능이 인간 대신 내릴 수 있기 때문이다.

의학은 지속적으로 발전하고 변화하기 때문에 의사는 계속해서 공부해야만 한다. 인공지능 의사의 장점은 인간이 커버할 수 없을 정도로 넓은 범위의 논문과 병증을 정확히 학습할 수 있다는 점이다.

실제로 100만 명 중 1명꼴로 걸리는 난치병에 걸린 사람은 여러 병원을 돌며 진찰을 받아도 좀처럼 무슨 병인지 알 수 없다는 진단을 받는 경험을 한다. 인공지능이라면 초기 진단 때 그런 희귀한 병증의 가능성을 판단하고 검사할 수 있다.

즉 물리적인 수술과 처치를 할 필요 없이 병증에 관한 정보와 간호사가 진행한 혈액 검사, 혈압, 심전도 등의 정보로 약을 처방하는 일은 전문형 인공지능이 더 잘할 수 있는 분야이다.

앞으로 세계 여러 인공지능 학자들이 특정 전문 분야의 지식노동자가 하는 일에 흥미를 느끼고 그것을 대신할 인공지능을 개발하기 시작할 것이다. 그리고 여러 해에 걸쳐 학습을 거듭하다보면 언젠가는 지식노동자보다 뛰어난 수준을 갖춘 인공지능이 탄생할 것이다. 그러면 전 세계인이 완성된 인공지능을 복사하거나 네트워크를 공유해 이용하면서 전문가가 할 일이 사라지게 된다. 전문가의 일자리는 앞으로 10년이면 대부분이 인공지능에게 빼앗겨 소멸될 것이다.

크리에이티브 일자리는 안전할까?

이 책에서는 주로 10년 이내의 가까운 미래를 다룰 생각이기 때문에 그 후의 변화에 대한 이야기는 범위를 벗어난다. 하지만 인공지능이 진화하면서 크게 변화할 우리 사회의 전체적인 모습은 파악해두는 편이 좋다. 따라서 20년 후, 30년 후에 어떤 일이 일어날지도 대략적으로 살펴보겠다.

지금부터 10년 동안에는 전문 영역의 일자리가 인공지능으로 대체된다. 이것을 첫 번째 이정표라고 한다면 다음 이정표는 인공지능이 범용형으로 발전하는 것이다. 범용형 인공지능이란 분야를 특정 영역에 한정하지 않고 인간과 똑같이 폭넓은 분야의 사상을 학습하는 인공지능을 가리킨다. 기술적으로 말하면 무엇을 학습할지 스스로 생각할 수 있는 '자기 학습 능력'을 얻는 것이 다음 기술 개발의 목표가 된다. 이 목표를 뛰어넘으면 범용형 인공지능 시대로 향하는 문이 열린다.

현재 인공지능을 연구하는 사람들은 아직 이 난관을 돌파하지 못했다. 범용형 인공지능을 발명할 수 있을지 어떨지조차도 아직 확실히 말할 수 없다. 소극적으로 전망해본다면 범용형 인공지능은 영원히 등장하지 않을지도 모른다.

전문가들은 지금의 컴퓨터 기술로는 범용형 인공지능을 완성할 수 없다고 말한다. 뉴로컴퓨터 같은 새로운 사고방식을 도입하지 않으면 그 방향으로 진화하기는 힘들다는 것이다. 인공지능 혁명의 다음 단계가 언제 일어날지도 확실히 예측할 수 없다.

실제로 과거에 인공지능 붐이 일어나 자본시장으로부터 투자가 집중된 후에는 매번 'AI의 빙하기'가 찾아왔다. 기대했던 기술을 개발할 수 없다는 사실을 알게 되면 자본시장의 자금은 일제히 빠져나간다.

인공지능 개발의 역사를 뒤돌아보면 현재는 3차 인공지능 붐이라 할 수 있다. 1950년대부터 1960년대에 걸쳐 일어난 1차 인공지능 붐은 1973년 오일쇼크로 끝났고, 6년간 빙하기가 찾아왔다. 그다음으로 1980년대에 엑스퍼트 시스템Expert System, 특정 분야의 전문 지식을 컴퓨터로 옮겨 넣어 전문가 이외의 사람들도 이용할 수 있도록 만든 시스템을 중심으로 한 2차 인공지능 붐이 일어났다. 그리고 얼마 후 일본의 버블 붕괴시기에 맞춰 개발자들은 다시 6년 정도의 인공지능 빙하기를 경험했다.

지금은 딥러닝을 계기로 전문형 인공지능의 붐이 크게 일어나고 있다. 하지만 그 연구가 어느 정도 진행된 단계에서 다음 단계로 넘어설 수 없다는 사실이 밝혀진다면 다시 인공지능 빙하기가 찾아올 가능성이 충분히 있다. 그러나 과거의 빙하기가 모두 6년 정도로 짧았던 것도 사실이다. 지금부터 20년 후의 미래를 생각하면 행여 세 번째 빙하기를 맞이하더라도 그 후에 연구자들이 범용형 인공지능이라는 벽을 넘어설 수 있다고 상정하는 것이 빗나간 예측이라고는 생각하지 않는다.

그렇다면 범용형 인공지능은 어떤 일을 할 수 있게 될까? 가장 주요한 기능은 '완전한 자동 번역'이다. 지금도 자동 번역 소프트웨어는 개발되고 있기 때문에 새삼스럽게 느껴질지도 모르지만, 전문 번역가가 번역한 것 같은 완벽한 자동 번역은 이 시기가 되어야 완성된다. 인간이 이야기하는 언어의 의미를 이 단계에 처음으로 인공지능이 제대로 배울 수 있기 때문이다.

앞서 구글이 고양이를 구분할 수 있는 인공지능을 개발한 이야기를 했는데, 현재 인공지능은 인간이 가르치지 않는 한 자신이 구분하고 있는 것이 '고양이'라는 사실은 학습할 수 없다. 바꿔 말하면 구글의 인공지능은 이미지를 보면서 '이것은 그것이다', '이것은 그것이 아니다'라는 작업만을 학습해왔다. 프로그램은 '그것'을 인간이 '고양이'라고 부른다는 사실을 스스로 깨닫지 못하며, 인간이 뭐라고 부르든 관심도 없다.

인공지능이 범용형으로 발전했을 때 비로소 인간의 언어 체계를 스스로 배울 수 있게 된다. 지금도 인간의 언어를 이해하는 인공지능이 존재하지만 그것은 아직 핵심 단어만으로 프로그램에 따라 정답을 검색해주는 장치에 지나지 않는다. 따라서 스마트폰에 탑재된 인공지능에게 '오늘의 날씨는?'이라고 물었을 때와 '내 날씨는 어떤 것 같아?'라고 물었을 때 돌아오는 답은 똑같거나 후자의 경우 '모른다'라고 답하는 것이 현시점의 성능이다.

범용형 인공지능은 마치 어린 아이가 말을 배우듯 인간의 말을 들으면서 발전하여 마침내 그 의미를 완전히 이해할 수 있게 된다. '날씨'라고 돌려서 한 말이 '기분'을 의미한다는 사실을 이해하면 '내 날씨는?'이라는 말에 '그런 질문을 하는 것을 보니 혹시 오늘 당신은 화가 나있습니까?'라는 식으로 대답할 수 있게 된다.

인공지능이 인간의 언어를 완전히 이해할 수 있게 된다는 것은 단순히 외국어를 실시간으로 완벽하게 번역한다는 것만을 의미하지 않는다. 여기서 가장 중요한 의미는 범용형 인공지능이 인간과 동등한 커뮤니케이션을 할 수 있게 된다는 것이다. 그때가 되면 인간은 소리만 들어서는 이야기를 하고 있는 상대가 인간인지 인공지능인지를 구별할 수 없을지도 모른다. 그 정도로 인공지능의 커뮤니케이션 성능이 올라간다.

그때부터는 범용형 인공지능이 '정에 호소해 인간의 마음을 움직이게 하는 영역'을 맡게 된다. 경영자, 리더, 정치인 같은 '인공지능으로 대체할 수 없다'고 생각하는 일도 범용형 인공지능이 출현하면 대체 가능할 것이다. 심지어 더 우수한 결과를 가져올 수도 있다.

앞으로 10년에서 20년 사이 어느 타이밍에 범용형 인공지능이 실현되었다고 하자. 얼마 지나지 않아 이론적으로는 인간이 두뇌를 사용하여 수행하는 일은 모두 인공지능이 할 수 있게 된다. 다만 그 단계에서도 인공지능은 자의식을 가지고 있지는 않다. 자의식은 없지만 인간이 하는 두뇌 노동을 인간보다 더 완벽하게 해내는 인공지능이 출현한다.

30년 후, 인간을 넘어설 인공지능

예측 시기는 다소 차이가 있겠지만 장기적으로 일자리의 미래는 지금까지 서술한 이정표대로 전개될 것이다. 그다음 이정표는 2045년에 찾아온다.

미래학자 레이 커즈와일은 2045년이 되면 컴퓨터와 인공지능이 인류 전체의 사고 능력을 뛰어넘을 것이라고 예측했다. 이것이 인류가 맞이할 인공지능 기능이 궁극적으로 발전된 상태다. '그때 인류에게는 어떤 미래가 기다리고 있을까'에 대해 생각하기 시작하면 끝이 없다. 커즈와일은 어쨌든 이전까지의 사회, 정치, 경제의 전제가 전부 뒤집어지기 때문에 지금까지와는 다른, 예측 불가능한 역사가 시작된다고 생각했다.

예측이 불가능하다고는 하지만 한 가지만은 분명히 예측할 수 있다. 그때가 오면 두뇌노동의 일자리는 전부 사라질 것이다. 전 인류가 협력하여 머리를 짜내어 생각하는 것보다 한 대의 인공지능이 생각하는 결과가 훨씬 올바르기 때문이다. 그 시대에는 안타깝지만 모든 두뇌노동은 인간이 하겠다고 나서기보다는 컴퓨터에게 맡기는 편이 더 좋은 성과를 얻을 수 있다. 19세기의 대장간을 재현하여 제철을 해보고 싶다고 해도, 완성된 철의 품질은 철강 회사가 거대한 용광로에서 만들어낸 철에 현저히 못 미치는 것과 마찬가지다. 19세기부터 20세기에 걸쳐 기계가 인간보다 훨씬 더 좋은 품질의 상품을 훨씬 더 빠르게 생산할 수 있게 된 것처럼, 21세기 중반에는 인간의 두뇌노동을 인공지능에게 맡기면 더 우수한 판단을 내릴 수 있게 된다.

2045년까지 앞으로 30년도 채 남지 않았다. 지금 20대 초반인 사람들이 한창 활발히 일하고 있을 시기에 화이트칼라의 일자리가 소멸한다는 의미이다. 하지만 그런 시기가 온다고 너무 걱정할 필요는 없다. 장기적으로 모든 일자리가 사라질 가능성이 있다는 이야기일 뿐이니까.

20세기 최고의 경제학자라고 불린 존 메이너드 케인스John Maynard Keynes는 대공황시대에 '보이지 않는 손이 작용하여 장기적으로 수요와 공급은 다시 일치하게 된다'는 이론에 대해 '장기적으로는 우리 모두 죽는다'고 반론했다. 경제학은 거시적인 이야기보다도 현재 또는 가까운 미래의 이야기에 초점을 맞춰야 한다는 케인스의 역설이다. 이와 마찬가지로 2045년의 특이점에 따라 일자리가 소멸하리라는 것은 어디까지나 '거시적으로는 모두가 일자리를 잃을 가능성이 있다'는 이야기일 뿐이다. 오히려 문제는 '현재 왜 우리의 노동 환경은 매년 나빠지고 있는가?'이고, '가까운 미래에 가장 빨리 사라질 일자리는 무엇인가?'이다.

그런 의미에서 이 책에서는 두 가지 영역에 초점을 맞춰 논하고 싶다. 하나는 지금부터 10년 동안 확실히 찾아올 전문형 인공지능의 진화에 따라 세상이 어떻게 변해갈 것인가이다. 그리고 다른 하나는 현재의 이야기, 즉 인공지능이 발전하면서 지금 도대체 무슨 일이 일어나고 있는가이다.

이 책의 원제 'AI 실업 전야'란 바로 지금 현재를 말한다. 지금, 여기에서 어떤 일이 일어나고 있는지를 이해하면 '잔혹한 현재'를 직시하고 나름의 대책을 세워볼 수 있을 것이다. 이 장에서는 우선 미래 예측에 대한 이야기의 단락을 지어두고자 한다.

지금 이 순간
우리에게 다가오는 것들

왜 변호사의 일자리는 사라질 기미조차 보이지 않는가

다시 시간 축을 현재로 돌려 이야기해보자. 2012년에 딥러닝 능력을 지닌 전문형 인공지능이 출현했다. 그렇다면 왜 인간을 뛰어넘는 인공지능은 아직도 한정된 분야에서만 나오고 있을까? 이 현상에 대해 문제 제기를 하고 싶다. '왜 아직 변호사의 일자리는 사라질 기미조차 보이지 않는가?'라는 질문으로 바꿔볼 수도 있다. 인공지능이 인간의 일자리를 위협하고 있다고 떠들썩한 것에 비해 실제로는 그렇게 위협적인 일이 일어나지 않는 이유는 무엇일까?

2015년에 구글에서 개발한 알파고가 세계 최고 프로 바둑기사 이세돌을 이긴 사건은 인류에게 충격을 주었다. 하지만 알파고는 2017년에 바둑계를 은퇴하고 어디론가 사라졌다. 왜 알파고는 은퇴했을까? 그리고 인간의 지력을 초월하는 인공지능은 대체 어디에 있을까?

딥러닝 기술을 이용하면 전문 영역의 일자리는 비교적 단기간에 인공지능으로 대체할 수 있다고 전문가들은 말한다. 변호사, 회계사 같은 일명 '사'자가 붙은 전문가가 하는 일, 의사가 병명을 진단하는 일 그리고 은행 업무의 대부분은 이른 단계에서 인공지능으로 대체될 것이다. 이것은 분명한 사실인데도 이런 이야기가 아직은 현실적으로 들리지 않는다. 뭔가 잘못됐을지도 모른다고 생각하는 사람, 아직 발표하지 못할 어떤 사정이 있을지도 모른다며 이상하게 생각하는 사람도 있을 것이다. 실제로 그 '어떤 사정'으로 아직 변호사와 의사가 인간의 직업으로 남아 있다.

그 사정은 두 가지다. 첫 번째로 인공지능이 딥러닝을 할 때 몇 가지 넘어서야 할 문제가 남아 있다. 도쿄대학 마쓰오 유타카松尾豊 교수는 앞으로 개발할 딥러닝의 목표를 다음과 같이 구체적으로 세웠다.

우선 인공지능에게 자신의 행동으로 일어난 결과를 배울 수 있게 해야 한다. 이를 위해서는 인공지능이 PDCA Plan Do Check Action, 계획→실천→확인→조치를 반복해서 실행하여 목표를 달성하는 데 사용하는 기법를 할 수 있게 만들거나 프레임 문제라는 인공지능의 기술적인 문제를 넘어서야 한다. 이 문제가 해결되면 처음으로 출현하는 인공지능 직업은 '완벽한 금융상품 트레이더'가 될 것이다.

또 인공지능이 행동을 통해 경험을 축적하게 만드는 과제도 남아 있다. 예를 들어 감기라는 진단을 내리고 이를 환자에게 전달할 때는 평범하게 이야기해도 괜찮지만, 암 같은 중병을 알릴 때는 환자에 대한 배려가 필요하다. 실제 경험을 통해서만 배울 수 있는 부분까지 인공지능이 배우지 못하면 지식노동자의 일자리는 인공지능으로 대체할 수 없다.

그렇다면 인공지능 연구자가 어느 정도의 속도로 연구를 진행하면 그 정도 기술에 도달할 수 있을까? 여기에 두 번째 현실적인 난관이 있다. 이런 연구를 진행하려면 슈퍼컴퓨터의 처리 능력을 확보해야 하는데 일본의 인공지능 연구자는 슈퍼컴퓨터를 활용하기가 상당히 힘들다.

알파고 수준의 인공지능을 개발하려면 세계에서도 최첨단으로 꼽히는 슈퍼 하드웨어가 필요하다. 현재 일본의 슈퍼컴퓨터 케이는 세계 10위로 순위가 떨어졌다. 이것은 바꿔 말하면 세계에는 케이처럼 인간 뇌의 처리 능력을 넘어서는 하드웨어가 아직 10대밖에 없다는 이야기다. 10대 중 1위와 2위는 중국이 보유하고 있고, 미국이 4대, 일본이 3대, 스위스가 1대를 보유하고 있다. 이것이 현재 지구상에 존재하는 '인간 뇌의 능력을 초월한 계산 처리 속도를 발휘하는 슈퍼컴퓨터'의 총 대수다.

사실 슈퍼컴퓨터는 설계 체계상으로 볼 때 인공지능에는 적합하지 않다. 하지만 구글의 알파고나 IBM의 왓슨 수준의 인공지능 두뇌를 완성하기 위해서는 역시 고성능 대형 하드웨어가 필요하다.

알파고가 바둑계를 은퇴한 이유는 더욱 깊이 연구해야 할 분야가 수없이 많기 때문이다. 현재 세계에는 인공지능에 적합한 슈퍼컴퓨터의 수보다도 인공지능 개발 경쟁을 겨루는 과학자 수가 더 많을 것이다. 연구 분야도 다양하여 자신의 분야에서 먼저 성과를 내기 위해 슈퍼컴퓨터의 이용 시간을 조금이라도 더 확보할지 혹은 그보다는 성능이 낮은 고성능 컴퓨터로 개발 가능한 분야의 연구를 할지 선택해야 한다. 연간 예산이 수억 엔에 불과한 연구자는 이런 제약 아래에서 연구를 진행하고 있다.

물론 구글, 아마존, 마이크로소프트, IBM 같은 미국 기업과 중국은 예외다. 연간 1조 엔 규모의 연구 개발비를 투자해 인공지능 연구를 진행할 수 있는 건 그들뿐이다. 세계에서 모인 최고 수준의 인공지능 연구자들이 풍부한 연구 개발 예산을 바탕으로 슈퍼컴퓨터를 자유롭게 사용하며 자신의 연구를 진행한다. 연구자로서는 부러운 환경에서 인공지능 개발을 진행할 수 있는 것이다. 당연히 인류를 깜짝 놀라게 할 새로운 인공지능은 위에서 언급한 기업과 나라에서 발표할 가능성이 높다. 반면 그 외의 과학자들은 인공지능 연구를 천천히 진행할 수밖에 없다.

AI 실업이 '금융'과 '운송' 분야부터 시작하는 이유

만약 당신이 구글의 경영자라면 한정된 슈퍼컴퓨터와 연간 1조 엔이라는 예산을 어디에 쏟아 부을 것인가? 변호사 일을 배우는 인공지능을 개발할까? 그런 개발은 경제적으로 의미가 없다. 법률과 법제도를 배우는 인공지능 개발은 많은 노력이 들어가는 것에 비해 시장이 지나치게 작다. 같은 관점에서 행정사와 공공시설 보증점검기사 같은 자격 등도 논외다.

투자 여건이 한정적인 경우, 세계 자본은 수익이 큰 시장에 집중된다. 사용할 수 있는 슈퍼컴퓨터와 예산이 정해져 있으므로 전문형 인공지능의 개발 역시 돈이 되는 분야에 연구 자금을 집중하는 편이 더 이득이다. 그 분야가 자율주행차와 핀테크다.

모든 자동차가 완전히 인공지능으로 운전할 수 있게 된다면 운수 및 물류 시장에 혁명이 일어난다. 세계의 자동차 생산 회사가 레벨5라고 불리는 완전 자율주행차의 완성을 향해 연구 개발 투자를 계속하고 있고, 2022년에는 최초의 레벨5 자율주행차가 시판될 것이라고 한다. 그 목표를 향해 전 세계 투자자가 이 시장에 모여 있다.

핀테크 분야 역시 1조 엔을 훨씬 넘는 투자를 받고 있다. 금융상품의 운용, 매매, 은행 융자, 생명보험 서비스 등 금융 시장은 상상 이상으로 크고 거기서 얻을 수 있는 이익은 막대하기 때문이다. 인공지능을 개발하여 타사보다 앞선 금융 비즈니스 혁명을 일으키면 거대한 부가 따라올 것이다.

자연스럽게 이 두 영역이 먼저 일자리 소멸 위협을 받고 있다. 2022년에 자율주행차가 탄생하면 장거리 운전사와 택시기사가 일제히 일자리를 잃는다. 그 규모는 일본에서만 123만 명에 달할 것으로 예상한다. 이와 동시에 일본 메가뱅크 3사가 앞으로 10년 동안 수만 명을 정리 해고하겠다는 장기계획을 발표했다. 은행원의 일을 인공지능으로 대체하여 대량의 노동력을 절감하겠다는 경영 계획을 이미 세운 것이다.

이런 뉴스는 일반 경제 사정에 관심이 있는 사람이라면 누구나 알고 있을 만한 뉴스다. 중요한 점은 이러한 사회현상이 '인공지능이 진화하면서 발생하는 AI 실업과 뿌리가 같다는 것이다. 가장 먼저 운수 및 물류, 금융 분야에서 일자리가 소멸되기 시작하고 다음으로는 시장 규모가 비교적 작은 전문 분야까지 영향이 뻗어갈 것이다.

슈퍼컴퓨터를 100만 원에 살 수 있는 시대

그렇다면 변호사, 행정사 같은 '상대적으로 작은 규모의 시장'의 지식노동자의 일자리는 언제쯤 사라질까? 그리고 그보다도 작은 다양한 틈새시장의 전문 일자리가 AI로 대체되는 것은 언제쯤일까?

자본주의 원리에 따라 시장 규모가 큰 순서대로 전문형 인공지능에 지식노동자의 일을 학습시키는 연구가 진행된다. 인공지능이 변호사 일을 학습하여 수행할 수 있을지에 대한 연구는 소송사회로 불리는 미국에서 먼저 시작되었다. 한편 의사 업무에 대한 인공지능 연구가 시작된 곳은 중국이다. 이 연구를 추진하는 곳은 대형 생명보험 회사로 국가 전체 치료비를 줄여 보험금 지불을 절감하고자 1조 엔 이상을 투자해 연구를 하고 있다. 중국은 인구 규모가 세계 1위로 13억이 넘는 만큼 어느 나라보다 앞장서서 이 연구를 진행해도 채산이 맞는다는 판단이다.

그러나 앞서 언급한 몇몇 분야를 제외한 다른 대부분의 전문 분야는 아직 본격적으로 연구가 시작되지 않았다. 전 세계에 의욕적으로 인공지능을 연구하고자 하는 연구자는 넘치는 반면, 슈퍼컴퓨터의 수는 절대적으로 부족하기 때문이다. 슈퍼컴퓨터를 사용할 수 없는 연구자는 자신의 남는 시간과 여력을 '약한 AI' 개발에 쏟아붓고 있다.

인공지능에는 전문형, 범용형이라는 구분과는 다른 개념으로 강한 AI, 약한 AI라는 개념이 있다. 알파고는 세계 최고 성능의 슈퍼컴퓨터를 딥러닝해 탄생한 강한 AI다. 반면 일반 컴퓨터로도 개발할 수 있는 AI가 있다. 밥을 맛있게 짓는 전기밥솥에 탑재하는 AI나, 펫로봇에 탑재할 AI는 슈퍼컴퓨터만큼의 성능은 필요하지 않다. 이렇게 슈퍼컴퓨터보다 성능이 낮은 컴퓨터로 개발한 AI를 약한 AI라고 부른다.

인공지능 시대가 도래하면서 현재 전자제품 생산회사와 유통 회사가 급속히 힘을 기울이고 있는 연구는 약한 AI 영역이다. 무리해서 구글이나 아마존과 같은 연구 개발을 해본들 그 기업들을 이기기 힘들다. 따라서 일반 기업들은 수십억 엔 정도의 연구 개발비로도 실현할 수 있는 약한 AI 영역에서 차별화를 위한 투자를 하고 있다.

인공지능 연구가 약한 AI 개발에 집중해 있는 동안에는 지식노동자의 일자리는 사라질 위협을 받지 않는다. 하지만 전 세계의 인공지능 연구자가 인간 뇌 수준의 성능을 지닌 컴퓨터를 겨우 수십만 엔의 예산으로 구입할 수 있게 되는 날에는 그 균열이 무너진다. 그때는 인공지능 연구가 세계적으로 빠르게 진행될 것이다. 그날이 언제 올지는 과거에 어느 정도의 속도로 컴퓨터 성능이 향상되어 왔는지 돌아보면 어느 정도 예상할 수 있다.

현재 가장 많이 보급되어 있고 10만 엔 이내로 구입할 수 있는 최고 성능 하드웨어 중 하나로 게임기 플레이스테이션4가 있다. 플레이스테이션4의 GPU는 처리 속도가 1초 동안 1.8×10의 13승으로 인간의 뇌보다는 느리지만 상당히 고속처리가 가능한 편이다. 플레이스테이션4는 2013년에 발매되었다. 이 성능은 1998년 무렵 세계에서 가장 빨랐던 슈퍼컴퓨터의 성능과 거의 동등하다.

　컴퓨터 성능이 이만큼 발전하고 보급되기까지 약 15년의 세월이 흘렀다. 즉 15년이 지나면 현재 세계에서 가장 빠른 슈퍼컴퓨터와 같은 성능의 컴퓨터를 가전제품 판매점에서 살 수 있을 것으로 예상할 수 있다. 이렇게 유추해보면 슈퍼컴퓨터 케이가 등장한 2011년으로부터 15년 후인 2026년에는 세계의 인공지능 연구자 한 사람당 '인간의 뇌와 같은 능력을 지닌 하드웨어' 한 대가 보급될 가능성이 있다.

　그리고 그때부터 전 세계에 있는 인공지능 연구자들이 일제히 지식노동자의 전문적인 일을 인공지능으로 대체하는 연구를 시작할 것이다. 2030년 무렵에는 변호사나 행정사 같은 일자리부터 공공 공사 품질확보 기술자와 같은 일자리까지 '시장 규모가 작아서 살아남아 왔던 전문 일자리'도 전부 소멸될 것으로 예상된다.

지금 우리에게 무슨 일이 일어나고 있는가

이 책에서 다루고 있는 주된 관심사를 다시 한 번 떠올려보자. 지금부터 30년 동안 인공지능이 발전하면서 인류의 일자리는 단계적으로 사라진다. 그중에서 이 책이 중심적으로 논하고 싶은 것은 현재부터 10년 후까지의 미래다. 그리고 중점적으로 생각해볼 과제는 '지금 우리에게 어떤 영향이 있는가?'이다.

이 책에서는 인공지능이 당분간 멈추지 않고 계속해서 발전한다고 전제한다. 무엇보다 실제로 그렇게 될 것이기 때문이다. 만에 하나 미국과 중국이 전면 전쟁을 시작하여 세계가 황폐해지면, 미래 산업 발전까지 생각할 여유가 없는 상황에 처할지도 모른다. 하지만 그만큼 어리석은 사태가 일어나지 않는 한 자본주의 경제 안에서 인공지능을 향한 거액의 투자는 이어지고 인공지능의 능력은 다양한 분야에서 인간을 능가할 것이다.

그렇게 되면 인류의 일자리는 지금의 절반 이하로 줄어든다. 지금 노동 시장에서 비교적 높은 수입을 얻을 수 있는 일자리, 다시 말하면 전문성이 있는 지식노동자의 일자리가 소멸하고, 노동 시장에서 화이트칼라와 블루칼라의 수입이 역전된다. 이에 따라 다양한 산업에서 구조조정을 시행할 것이다. 처음에는 은행 등 금융업과 운수·물류 관련 산업부터 시작되지만 언젠가는 대부분의 업종에 그 움직임이 퍼질 것이 분명하다. 일자리 자체가 대규모로 소멸하여 사람들은 남아있는 적은 일자리를 차지하기 위해 서로 경쟁하게 된다. 경쟁이 심해진다는 것은 일에 대한 대가도 크게 감소한다는 의미다.

이런 상황에서 어떻게 하면 살아남을 수 있을까? 지금 현재는 정확히 어떤 상황일까? 우리가 일하고 있는 직장에서는 무슨 일이 일어나고 있는가? 갈수록 먹고사는 일이 힘들다고 느껴지는 것은 기분 탓일까? 만약 그렇다고 한다면 왜 그럴까?

노동개혁이라는 키워드로 세계가 떠들썩한 것은 뒤집어 생각하면 노동 환경이 매년 나빠지고 있다는 의미다. 그 원인이 어디에 있는지를 이해하지 않는 한 아무리 법률이 개정되어도 노동자는 시대의 물결에 농락될 뿐이다. 일자리의 미래, 그리고 일자리의 현재에 무슨 일이 일어나고 있는지 지금부터 본격적으로 살펴보자.

제2장

슈퍼맨을
강요하는 사회

왜 매년 점점 더
바쁘게 일해야 하는가

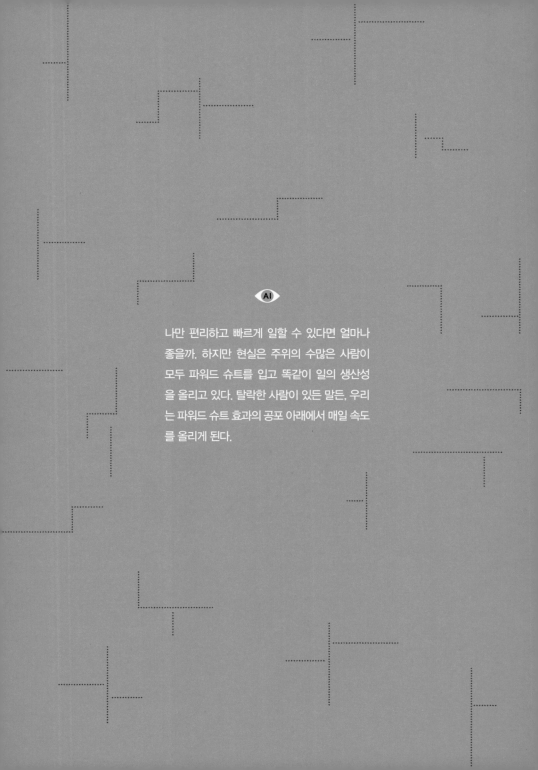

나만 편리하고 빠르게 일할 수 있다면 얼마나
좋을까. 하지만 현실은 주위의 수많은 사람이
모두 파워드 슈트를 입고 똑같이 일의 생산성
을 올리고 있다. 탈락한 사람이 있든 말든, 우리
는 파워드 슈트 효과의 공포 아래에서 매일 속도
를 올리게 된다.

일은 많은데
월급은 그대로

파워드 슈트를 입다

우리가 하는 일은 왜 매년 더 바쁘고 혹독해질까? 그런데도 왜 소득은 오르지 않을까? 지금 세계 곳곳에서는 AI 실업과는 정반대로 인력 부족에 따른 블랙 노동화가 문제가 되고 있다.

많은 사람들이 노동개혁을 외치고 있는 가운데 노동자의 과로와 워킹푸어 낮은 임금으로 오랜 시간 아무리 일을 해도 가난을 벗어나지 못하는 근로빈곤층가 증가하는 현상은 현대 사회의 병폐로 불릴 만큼 심각하다. 그런데 사실 이런 사회적 문제가 일어나는 데는 인공지능과 스마트폰이

관계가 있다.

이 현상을 설명하는 단어가 '파워드 슈트 효과'다. 파워드 슈트란 SF에서 히어로가 입는 강화복으로, 평범한 인간을 뛰어넘는 힘을 발휘할 수 있게 해주는 아이템이다. IT가 발달하면서 현대의 노동자는 누구나 파워드 슈트를 입은 것처럼 일할 수 있게 되었다. 내가 하는 일을 예로 들어 설명해보겠다.

나는 현재 55세로 경영 전략 컨설턴트이자 경제 평론가로 일하고 있다. 지금 나는 젊었을 때와는 비교가 되지 않을 정도로 높은 생산성으로 일한다. 경영 전략 컨설턴트의 바쁜 업무 틈틈이 3,000자 정도의 기사 연재를 매달 16개씩 하고 있다. 이것은 예전이라면 전업 작가가 집필하는 분량이다. 모두 파워드 슈트 덕분이다.

내게 파워드 슈트란 스마트폰이다. 매달 여러 매체로부터 '도시바 문제의 전망에 대해 써주세요', '고베제강의 품질 부정문제는 왜 일어났습니까?', '유니클로의 이번 분기 실적 예상은 어떻습니까?', '지금 성장 가능성이 있는 벤처기업을 소개해주세요' 같은 집필 의뢰를 받는다. 각각의 주제에 대해 대략적으로는 알고 있지만 자세한 내용을 모르면 기사는 쓸 수 없다.

2005년 무렵에는 사전 조사와 취재를 하는 일정을 생각하면 한 달에 5개의 전문 기사를 쓰는 것만으로 힘에 부쳤다. 하지만 지금은 스마트폰이 있어 가능하다.

불과 얼마 전에도 사무실에서 일을 하고 있을 때 전화로 abema TV의 비즈니스모델에 대해 해설해 달라는 의뢰를 받았다. 의뢰를 받고 전철로 이동하면서 스마트폰으로 관련 기사를 찾아 훑어본다. abema TV에 대해 어느 정도 알고는 있었지만 구글에서 검색하여 다양한 기사를 30분쯤 읽어보면 최근 일어난 일을 포함해 기사를 쓰기 위해 필요한 충분한 지식이 머릿속에 들어간다. 즉 스마트폰으로 기사 몇 개를 읽는 단계에 이미 많은 사람들이 잘 아는 기존의 미디어 비즈니스모델과 새롭게 등장한 미디어인 abema TV를 비교하는 기사의 플롯을 재빠르게 세울 수 있다. 그리고 전철 안에서 업계 관계자 몇 명에게 메일이나 메신저를 이용해 질문을 보내두면 밤에는 답장이 온다. 취재는 그것으로 완료다.

기사를 쓰는 일은 정보를 모아 그것을 어떻게 조합할 것인가를 구상하는 데까지가 많은 시간과 노력이 든다. 컴퓨터 앞에서 글을 쓰는 시간은 1시간 정도면 충분하다. 스마트폰이라는 파워드 슈트를 입은 나는 글을 쓰는 준비 단계의 작업을 전철로 이동하면서 틈새 시간을 이용해 대부분 끝낸 것이다.

많은 일을 해도 수입은 변함없다

스마트폰이 없었다면 한 달에 5개도 힘들었을 기사를 한 달에 16개, 이틀에 1개꼴로 소화하게 되었으니 수입이 그만큼 늘었을까? 그렇지 않다. 원고료가 대폭 떨어졌기 때문이다.

지금부터 십여 년 전인 2005년 무렵 부업으로 한 달에 5개의 칼럼을 쓸 때는 3,000자 정도 분량의 인터넷 칼럼 원고료가 1편 당 4만 엔이었다. 5개를 쓰면 한 달 원고료가 20만 엔이다. 그보다 10년 전인 1995년 무렵에는 인터넷이 없고 기고는 잡지뿐이었는데, 3페이지 정도의 기사를 쓰면 기사 하나당 원고료 10만 엔을 받을 수 있었다. 물론 한 달에 16개씩이나 기사를 쓰면 한 달에 5개를 쓸 때보다는 수입이 높지만, 그래도 한 달 원고료의 총액은 거의 늘지 않았다. 만약 한 달에 10개를 쓴다면 원고료 수입은 이전보다도 훨씬 적은 수준이다.

게다가 '초밥 뷔페 체인점 갓파스시에 대해서 써주세요', '초저가 스마트폰과 일반 휴대폰을 비교해주세요' 등 실제로 취재를 나가보거나 초저가 SIM을 구입하는 경비를 고려하면 작업량이 늘어난 만큼 지출도 늘어난다. 따라서 바쁘게 집필하는 것에 비하면 이전보다 소득이 늘었다는 느낌은 전혀 들지 않는다. 일하는 양은 10년 전에 비해 두 배 넘게 늘었는데 소득은 거의 늘어나지 않은 것이다.

많은 사람들이 나와 비슷한 상황에 놓여 있지는 않은가? 내 주변 사람들에게 물어보면 자신이 하는 일도 비슷한 상황이라는 사람이 상당히 많다. 왜 이런 일이 일어날까? 나만 파워드 슈트를 입고 일하는 것이 아니라 주위의 모든 사람이 그렇기 때문이다.

내가 경제 평론가로서 기사를 쓰는 현장에서는 다음과 같은 상황이 벌어지고 있다. 지금 미디어 업계에는 기사의 양이 이전과 비교할 수 없을 정도로 증가했다. 경제기사를 쓰는 사람 수도 늘어났다. 반면에 기사 하나하나의 수명은 짧아졌다. 인터넷 미디어에 업데이트한 기사가 읽히는 시간은 업데이트 직후에 집중되고 십여 시간이면 수명을 다한다.

이전에 디엔에이DeNA, 일본에서 다양한 인터넷 서비스를 하고 있는 대표적인 기업 같은 IT 기업이 큐레이션 미디어라고 하는 새로운 미디어를 만들어 사회 문제가 된 적이 있다. 사이트 신뢰성이 도마에 오른 이른바 '웰크 문제'디엔에이가 운영하는 의료정보 사이트 웰크에 가짜 정보가 범람하면서 사회적인 문제가 되었다 —옮긴이다. 이 문제를 기억하고 있는 사람은 그들이 시행했던 비즈니스모델을 떠올려봤으면 한다. 이런 큐레이션 미디어는 인터넷 상의 기사를 모아 일목요연하게 정리한 '정리 기사'를 게재하고 페이지뷰를 최대한 많이 올려 돈을 번다.

정보의 질을 떠나서 적당히 잘 정리만 해서 쓰면 전문가가 아닌 일반인이라도 제법 전문가처럼 보이는 기사를 쓸 수 있다. 그런 기사에 디엔에이가 지불한 원고료는 3,000엔. 전문가가 봤을 때 그런 기사의 질은 상당히 떨어지지만 그 정도 비용으로 일을 맡겠다는 사람이 있으면 전문가가 쓰는 기사의 원고료도 함께 내려간다. 그 결과, 어느새 내용의 전문성과는 관계없이 3,000엔의 기사와 비교하여 '얼마나 페이지뷰를 올릴 수 있는가?'로 원고료를 설정하는 시대가 되어버렸다. 따라서 경제 평론가라는 나의 일은 매년 바쁘고 힘들어지면서 소득은 거의 오르지 않는다.

스마트폰이 바꾼 회의 풍경

여러분은 이미 이런 일이 나에게만 일어나는 현상이 아니라는 것을 눈치챘을 것이다. 분야에 관계없이 여러분이 종사하고 있는 일에서도 분명 파워드 슈트 효과의 영향이 미치고 있다.

지금부터 할 이야기는 회사에 다니는 사람이라면 한 번쯤 경험하는 일일 것이다. 예를 들어 이야기해보자. 지금 당신은 대기업에 근무하는 직원이다. 임금 수준은 그다지 높지 않은, 직함만 그럴싸한 팀 리더나 유닛 리더 같은 관리직 자리에 올라갔다고 가정한다. 분명 회사 차원의 어려운 경영 회의에 참석할 일이 생길 것이다. 회의 의제가 '파리 협정에 따른 각 사업의 대응 방침'일 수도 있고, '신기술을 바탕으로 한 새로운 축전지로 이행하는 방안'일 수도 있다. 간단히 말하자면 자세한 내용에 대해서는 전혀 모르는 회의다.

예전에는 1시간 동안 회의가 진행된다면 40분은 의제에 대해서 기안자가 자세한 설명을 하고 남은 20분 동안에 참여한 임원들이 질문을 했다. 회의가 끝날 무렵에는 '이 문제를 가지고 돌아가 살펴본 후 다음에 어떻게 논의할지 사무국에서 연락을 하겠다'는 식으로 마무리하곤 했다. 하지만 지금은 다르다. 당신이 뭐가 뭔지 모르겠는 이런 회의에 참석했다면 우선 할 일은 책상 아래에서 초고속으로 손가락을 움직여 스마트폰으로 모르는 내용을 검색하는 일이다.

'파리기후협정'이란 2015년 파리에서 열린 21차 유엔 기후변화협약 당사국총회 본회의에서 195개국이 채택한 협정으로, 산업화 이전 수준 대비 지구 평균 온도가 섭씨 2도 이상 상승하지 않도록 온실가스 배출량을 단계적으로 감축하자는 내용을 담고 있다. 당신은 이런 내용을 지금 이 자리에서 처음 알았다고 가정하자.

경제 기사를 몇 개 읽어보면 최근 미국이 이 협정에서 탈퇴한다고 표명했지만, 세계 주요국은 파리 협정에 대해 진지하게 대응하고 있다는 사실을 알 수 있다. 유럽연합은 온실가스 배출에 대한 기준이 엄격하다. 중국도 수도인 베이징에서 마스크를 하지 않으면 외출을 할 수 없을 만큼 공기가 나빠진 것을 우려하며 파리 협정의 온실가스 배출 감소 목표를 지키기 위해 석탄화력발전소의 대규모 폐쇄를 진행하고 있다. 이런 내용을 2, 3분 만에 인터넷의 각종 정보 페이지를 통해 파악할 수 있다.

세계적으로 탈이산화탄소를 추진하기 위해 수십조 엔 규모의 투자자금이 움직이기 시작했다는 정보를 지금 처음 접했다고 해도 '우리 회사에는 세계 각지에 공장이 있다. 유럽에 공장이 있는 담당부서는 사업을 지속하기 위해 상품의 원재료와 제조법부터 파리 협정 기준에 맞춰야한다. 그렇지 않으면 유럽 시장에서 우리 회사가 내쫓길 위험에 처해있다. 이 문제에 대한 논의를 지금 이 회의에서 진행하려고 한다'는 것을 스마트폰으로 검색을 시작한지 5분 만에 완벽히 이해할 수 있다.

회의 도중에 임원이 "우리 사업부가 구체적으로 어느 정도 수준으로 대응을 할 것인지 모두 이해했습니까? 혹시 국내 판매부는 관계없다고 생각하고 있지는 않습니까?"라고 물을 수도 있다. 여기서 회의실에 있는 모두가 당신의 얼굴을 빤히 바라본다. 정신을 차려 보니 이 회의에 국내 판매부에서 출석한 사람은 당신 한 사람뿐이다.

10년 전이라면 "죄송합니다. 지금까지 그 부분에 대해서는 생각해보지 않았습니다. 하지만 앞으로는 공부해야 한다는 사실을 오늘 이해했습니다."라고 답하는 것이 전형적인 무능한 과장의 모습이었다. 하지만 지금 당신에게는 스마트폰이라는 파워드 슈트가 있다. 실제로 이 순간을 대비해 회의실 책상 아래에서 당신의 스마트폰은 초고속으로 움직였다. 따라서 당신의 입에서는 회의실에 들어오기 전에는 생각도 하지 못한 발언이 나오게 될 것이다.

"저희가 중국에서 수입하여 국내에서 판매하는 제품의 포장에 사용하는 발포 스티로폼은 유럽연합의 기준에 맞지 않습니다. 그러므로 해외 하청을 포함해 제품 포장재에는 이산화탄소를 늘리지 않는 카본 뉴트럴 등의 탄소중립적인 재료를 철저하게 사용해야 합니다." 정도의 답을 순간적으로 준비하여 능력 있는 팀 리더임을 어필한다.

하지만 왜 이렇게까지 능력 있는 직원인 척 연출해야만 하는 것일까? 그것은 당신뿐만 아니라 이 회의에 출석한 직원 모두가 회의 중 필사적으로 책상 아래에서 스마트폰을 조작하고 있기 때문이다. 모든 직원이 파워드 슈트를 입고 상당히 높은 수준으로 비즈니스 현장에서 진지한 승부를 벌이고 있다.

점점 빠르게
달리는 사람들

생산성의 상향평준화

대기업 클라이언트 중에 회의의 생산성이 가장 많이 올라간 한 회사의 예를 살펴보자. 이 회사는 회의를 소집할 때 미리 '새로운 축전지의 도입을 지금 할 것인가, 1년 뒤로 미룰 것인가를 의논합니다'라는 의제를 제시하고 동시에 '아래의 자료를 살펴보세요'라고 메일에 첨부 파일을 3개 정도 붙여 보낸다.

게다가 회의에는 이 의제에 대한 책임이 있는 사원만을 소집한다. 흥미롭게도 그 첨부 파일을 십여 분 들여다본 후 잘 모르는 전문적인 내용을 추가로 인터넷에서 검색해보면 그때까지 전혀 몰랐던 의제라도 판단을 내릴 정도의 정보를 얻을 수 있다. 어떤 질문을 해야 할지 미리 파악하고 때로는 사무국 측이 준비한 리포트에 의심이 되는 부분을 발견하기도 한다. 따라서 회의는 시작하자마자 맹렬한 논의가 이뤄진다. 이렇게 효율적인 회의는 20년 전의 대기업에서는 결코 볼 수 없었던 장면이다.

화이트칼라 일자리 중에서 이정도로 생산성이 높은 업무 방식을 구축하고 있는 기업은 일본에서는 아직 많지 않아 보인다. 그러나 각 기업마다 다소간의 차이는 있지만 매년 생산성이 높아지는 방향으로 움직이고 있다. 나날이 일이 바빠지는 직장으로 변모하고 있는 것이다.

기업은 매년 새로운 사내 시스템 혹은 사내 업무에서 공통으로 사용할 수 있는 프로그램 등 업무가 편리해지는 시스템을 도입한다. 예를 들어 여러 명이 함께 한 가지 일을 진행할 때는 메일을 사용하여 연락을 주고받으면 시간이 많이 걸린다. 그럴 때 누군가가 메신저 앱을 이용해 의견을 나누자고 제안한다. 메일이라면 본문의 전후에 형식적인 문장을 나름대로 생각하여 도입부나 감사의 말을 넣어야 하지만, 메신저 앱에서는 그런 형식적인 작업을 생략할 수 있어 일의 생산성이 높아지고 업무 진행 속도가 빨라진다. 이렇게 업무 프로세스의 다양한 부분이 개선되면서 지금은 직원들이 예전에 없던 높은 생산성으로 일하는 시대가 되었다.

하지만 20년 전 관리직보다도 훨씬 더 회사에 공헌하고 있는 30, 40대 간부들의 연봉은 그 압도적인 생산성에도 불과하고 20년 전에 '창가 자리를 차지하고 거의 하는 일 없는 나이 많은 정규직' 보다 훨씬 낮다. 모두가 파워드 슈트를 몸에 걸치고 일하게 되어 근무 평가의 기준도 매년 올라가고 있기 때문이다.

시스템화로 업무가 편해졌다고?

이런 현상은 블루칼라의 일자리에서도 마찬가지로 일어나고 있다. 편의점 업무를 예로 들면 지금은 매장의 발주 업무를 아르바이트생에게 맡겨도 발주 실수가 거의 나지 않는다. 물론 가끔 한 매장에서 슈크림을 대량 발주하는 실수를 해서 트위터에 도와달라는 목소리가 올라오는 일이 없지는 않지만 겨우 그 정도일 뿐이다. 이것은 예전의 소매업 현장 상식으로는 믿을 수 없을 만큼 획기적인 변화다.

소매업을 꾸려나가는 데 있어 어떤 물건을 얼마만큼 발주할 것인가는 실적을 좌우하는 무척 중요한 일이다. 잘 팔리는 상품이 슈퍼마켓의 진열대 위에 진열되어 있지 않으면 기회손실이 발생한다. 고객이 찾는 물건을 판매하지 못하는 기회손실은 판매자 입장에서 가장 두려운 일이다.

반면 팔리지 않는 상품을 대량으로 매입하면 폐기손실이 발생한다. 편의점이 아닌 슈퍼마켓이라면 폐기손실이 발생하지 않도록 패키지로 묶어 20% 할인 판매를 하거나 '반값' 스티커를 붙여 재고를 처리할 수 있다. 하지만 이렇게 할인 행사를 하면 재고는 처리할 수 있을지 몰라도 수익손실이 발생한다. 이런 손실이 발생하지 않기 위해 발주 업무는 현장에서 오랫동안 일한 베테랑 판매원이 담당한다는 것이 오래된 유통업의 상식이었다. '지금 어떤 물건이 잘 팔리는가? 날씨에 따라 어떤 판매 변화가 일어나는가?' 등을 가장 잘 아는 현장의 베테랑 직원에게 수익의 열쇠인 발주 업무를 맡겨야만 했다.

그런데 인공지능이 발달하자 그런 전문 능력이 필요한 업무를 시스템이 보조하게 되었다. 편의점 판매 현장에서 어떤 상품을 얼마나 발주하면 좋을지 본사 마케터의 방침과 현장의 판매량 변동 정보를 바탕으로 인공지능이 발주 수량을 제시해준다. 아르바이트 직원은 그것을 그대로 따르거나 거기에 자신이 얼마만큼 의욕적으로 판매할지에 따라 수량을 더해서 발주량을 결정하면 된다.

각 편의점별 발주수량 자유도도 인공지능이 보정해준다. 판매 직원이 주력으로 판매하고 싶은 품목을 정하면 인공지능이 발주량을 평소보다 얼마만큼 늘리면 좋을지 판단해서 제시한다. 발주 지원 시스템이라는 파워드 슈트 덕분에 편의점 현장의 평범한 아르바이트 직원도 발주라는 주요 업무를 맡을 수 있게 되었다.

운송 현장에서도 파워드 슈트는 활약하고 있다. 완전 자율주행차는 아직 실현되지 않았지만 자동 브레이크, 차선 유지, 일정 속도 유지 같은 드라이브 어시스트 기능은 고급차를 중심으로 보급되기 시작했다. 앞으로 발매될 자동차에는 이런 고도의 드라이브 어시스트가 표준 기능이 될 것이 분명하다.

이런 기술 덕분에 영업용 차량의 운전사나 개인택시 운전사 등 직업으로 운전을 하는 사람들의 일이 상당히 편해지고 있다. 이미 드라이브 어시스트 기능이 달린 자동차로 일을 하는 사람은 장시간 고속도로 운전에도 예전보다 피로가 덜 쌓이고, 주차가 수월해지는 등 운전에 대한 부담이 상당히 줄어들었다.

이렇게 인공지능을 업무에 도입한 후 '일하기 쉬워졌다', '일이 편해졌다'고 생각할 수 있지만 사실 일시적인 현상이다. 파워드 슈트 효과가 처음에는 이전보다 편한 상태를 만들어주는 듯하지만 시간이 지나면 진짜 공포가 찾아온다. 파워드 슈트 효과로 일이 편해지면 머지않아 인력을 줄이거나, 일하는 양은 변함이 없는데도 임금이 줄어들기도 한다. 파워드 슈트 덕분에 편하다는 기분은 이전과 비교할 수 없이 높은 생산성으로 일하기 시작했을 무렵에만 느끼는 초기증상이다.

'스마트'가 바꿀
일과 일상

스마트폰 다음으로 찾아오는 것

앞으로 당분간은 스마트폰이 우리가 하는 일의 생산성을 높여주는 가장 유능한 파워드 슈트 자리를 유지할 것이다. 하지만 앞으로 5년 사이에 다음 단계로 들어갈 것이 분명하다.

지금은 대부분의 사람들이 스마트폰을 사용할 때 손으로 문자를 입력하고 화면에 뜨는 내용을 눈으로 확인한다. 하지만 몇 년 안에는 음성 입력, 음성 출력으로 완전히 바뀐다.

지금도 스마트폰의 음성 인식은 상당히 실용적인 수준이다. 메시지를 보낼 때 스마트폰에 대고 천천히 말하여 문장 초안을 입력하는 사람도 늘었다. 음성 인식 성능은 몇 년 안에 더욱 높은 수준으로 향상될 것이며, 그러면 간편 키보드 입력 방식보다 음성으로 입력하는 편이 입력 속도가 더 빨라진다.

읽기 기능도 앞으로 서서히 개선된다. 억양도 자연스럽게 말하는 분위기에 가까워지고 목소리 톤이나 속도도 자동으로 조정이 가능하다. 그렇게 되면 스마트폰으로 받은 메일을 눈으로 읽으며 걷지 않아도 되고, 스마트폰이 읽어주는 음성을 듣기만 하면 될 만큼 편리해진다. '수고 많으십니다. 어제 부탁드린 견적 건에 대한 것입니다만, 제안 조건이 조금 변경되었으므로 지금 말씀드리는 변경 사항을 반영해주셨으면 합니다.' 이런 업무 메일은 거래처에 맞춰 어울리는 음색으로 인공지능이 읽어주게 된다. 당신은 블루투스에 접속된 이어폰 마이크를 사용하여 답장을 음성 입력한다. 스마트폰 화면을 보지 않아도 작업은 순조롭게 진행된다.

또 친구가 보낸 '미안. 오늘 저녁 약속 시간 말인데, 21시로 바꿔도 될까?' 같은 문자는 인공지능이 내용을 파악하여 친구가 말을 거는 듯한 분위기로 읽어줄 것이다. 스마트폰의 인공지능이 똑똑해지면 10년 이내에 휴대전화로 통화할 때의 음성을 분석하고 친구 각각의 음색, 억양, 말버릇을 샘플링하여 음성을 커스터마이즈해주는 정도까지 바뀔지도 모른다.

이런 기능이 도입되면 메신저 단체 대화방에서 여러 명이 대화를 나눌 때 마치 그 자리에 모두가 모여 실제로 대화를 하고 있는 듯한 분위기로 메시지를 읽어줄지도 모른다. 스마트폰 화면에 뜬 문자를 눈으로 읽는 것보다 인공음성을 이용하여 귀로 듣는 방식이 훨씬 사용하기 편해진다.

머지않아 사람들이 거리에서 앞을 보지 않고 스마트폰만 보며 걷다가 위험했다는 이야기는 옛날이야기가 될 것이다. 걸을 때는 모두가 앞을 보면서 빠른 걸음으로 걷는다. 하지만 귀에는 이어폰 마이크를 끼고 있는 상황이다. 그리고 거리에서 마주치는 사람은 모두 제각각 눈앞에 있지 않은 사람을 향해 목소리를 내 마음껏 이야기한다. 사람들이 제각각 어딘가 다른 장소에 있는 지인과 이야기하고 있기 때문에 눈앞에 있는 현실의 사람들에게는 신경 쓰지 않는 신기한 세상이 찾아올 것이다.

같은 흐름으로 스마트폰 다음으로 일상생활에 침투할 것으로 예상되는 가전제품이 있다. 바로 스마트 스피커다. 현재 아마존닷컴의 에코나 구글의 홈 같은 스마트 스피커의 주된 기능은 일기예보를 검색하거나 집 안에 있는 가전제품의 스위치를 켜고 끄는 등의 간단한 일을 실행해주는 정도다. '스마트'라는 형용사가 붙어는 있지만 솔직히 말해서 지금 단계의 스마트 스피커 성능은 그다지 똑똑하지 않다. 그런데 이런 상품이 앞으로 급속히 똑똑하고 편리해질 것으로 예상된다. 앞에서 서술한 것처럼 음성인식 능력과 말하는 능력은 불과 몇 년 만에 급속히 향상될 것이다.

또 애플이나 구글의 스마트폰 앱처럼 다양한 기업이 스마트 스피커에서 사용할 다양한 앱을 만들 것이다. 주식을 하는 사람에게는 주가가 움직이기 시작한 종목을 알려주고, 요리를 하는 사람에게는 레시피를 음성으로 읽어준다. 그것도 요리책에 적힌 순서와는 별개로 따로 시간을 배분하여 미리 해두면 좋은 작업을 합성 음성으로 가르쳐준다. '먼저 요리에 사용할 조미료가 집에 있는지 확인하세요'나 '그 사이에 채소를 썰어두세요' 같은 형태로 알려주기 때문에 요리하는 동안 시간 낭비가 사라진다. 이렇게 밖에서는 스마트폰, 집 안에서는 스마트 스피커라는 형태로 우리의 일상생활은 인공지능의 편리한 보조기능 없이는 살 수 없는 세상으로 바뀌어 갈 것이다.

이미 우리 생활 가까이에 다가온 '인공지능 비서'

이야기를 가까운 미래의 일상생활에서 다시 일터로 돌려보자. AI 실업이 본격적으로 시작되기 전까지 한동안 인공지능은 인간에게서 일자리를 빼앗는 존재가 아닌 인간의 일을 편리하게 해주는 존재다. 즉 인간과 협력하는 가까운 동료로 다가올 것이다.

성능 좋은 인공지능이 탑재된 말하는 스마트폰은 최고의 업무 파트너가 된다. 인공지능은 하루의 스케줄과 해야 할 일 리스트를 미리 분석하여 '지금 ○○과 ××의 거래처에 연락을 해두는 편이 좋습니다' 혹은 '현재 전철 △△선이 운행정지 상태이므로 사무실에서 10분 일찍 나가 우회노선으로 이동하세요'처럼 당신이 물어보기 전에 업무가 순조롭게 진행되도록 순서를 안내해준다.

영미권에서는 이미 '인공지능 비서'가 상품화되었다. 외국계 회사에서 일하는 지인이 실제로 몇 년 전부터 이 인공지능 비서를 사용하고 있다. 그가 사용하기 시작했을 당시, 즉 지금으로부터 2~3년 전의 인공지능 비서는 상당히 융통성이 없었다.

예를 들어 인공지능 비서에게 스케줄링을 맡긴다고 하자. 다음 주 후반에 거래처와 점심 약속을 잡는 일을 맡길 경우 상당히 자세하게 지시를 내리지 않으면 일을 진행해주지 않는다. 우선순위는 어느 정도인지, 점심 약속이라면 시간대는 몇 시부터 몇 시까지인지, 장소를 어디로 할 것인지 전부 설정해두지 않으면 작동하지 않았다.

기본적으로 인간은 대략적인 지시만으로도 융통성 있게 움직이는데 비해 이렇게 낮은 수준의 인공지능 비서를 사용하려니 상당히 귀찮았다. 인간 비서라면 일단 상대의 스케줄을 잡아두고 나중에 상사와 상세한 일정을 확인하여 움직이면 된다는 것을 알고 있다. 그렇지 않고 미리 모든 정보를 부여해두지 않으면 인공지능 비서는 거치적거리는 존재일 뿐이다. 바꿔 말하면 일종의 장난감 수준이었다.

하지만 지인은 이런 인공지능 상품을 개발하여 보급하는 일을 하고 있기 때문에 제품 초기 단계부터 귀찮은 과정을 감수하고 사용하면서 인공지능 비서를 성장시켰다. 흥미롭게도 인공지능 비서는 실제로 점점 성장했다고 한다. 2~3년 동안에 인공지능의 버전이 업그레이드되는 동시에 지인의 일하는 스타일도 익혔던 것이다.

최근에 이런 일이 있었다고 한다. 지인이 여름휴가로 리조트에 가있는 사이에 많은 사람이 참여하는 화상회의에 출석해야만 했다. 인공지능 비서는 미리 전 세계의 다양한 장소에 있는 회의 출석자 한 사람 한 사람과 시간을 조정하여 화상회의 일정과 의제를 정확히 전달해주었다. 그런데 정작 당사자인 그가 이 화상회의에 참석하지 않았다. 시차를 고려하지 못하고 시간을 완전히 착각하여 해변에서 쉬고 있었던 것이다. 호텔로 돌아와 보니 수많은 메일이 들어와 있었다. 화상회의에 출석하라는 거래처의 호출이 몇 군데서 와있었고, 그 후에 '잠시 기다렸지만 결국 화상회의는 취소'라는 이야기가 이어졌다.

흥미로운 것은 그 사이에 인공지능 비서가 몇 번이고 그에게 액세스를 시도해도 연결되지 않자 그가 화상회의 시간을 잊어버렸다는 사실을 깨달은 것처럼 반응한 것이었다. '그와 연락이 닿지 않는다. 게다가 그가 화상회의에 로그인한 기록도 없다. 따라서 그가 회의를 잊어버렸다'고 판단한 인공지능 비서는 사태를 수습하기 위해 움직였다. 각 관계자들에게 우선 사과 메일을 보낸 후에 화상회의 일정을 다시 조정해 그가 호텔에 돌아와서 상황을 파악했을 때에는 새로운 회의 스케줄 설정을 끝낸 후였다. 장난감 수준에서 시작한 인공지능이 몇 년 사이 진화한 실제 예시다.

이제 앞으로 어떤 일이 일어날지 예상할 수 있을까? 머지않아 인공지능 비서가 인간 비서를 넘어서는 날이 올 것이다. 그리고 그다음 단계로 '상사' 인공지능을 사용하게 될지도 모른다. 상하관계로 말하자면 지금은 인공지능 비서가 사용자의 부하이다. 하지만 지금 이대로 학습을 거듭하고 버전이 업그레이드되면 결국 상하관계는 역전될 것이다. 편리한 인공지능 비서가 실용화된 후에는 인공지능의 지시에 따라 일하는 미래가 찾아올 수도 있다.

다시, 모던 타임스

이번 장의 마지막으로 IT가 파워드 슈트로서 다양한 업무 현장을 도와주고 있는 것에 따른 부작용이 어떤 형태로 일어나고 있는지 살펴보겠다.

업무 현장에서는 갈수록 생산성이 급속히 올라가고 있다. 이와 동시에 현장과 경영진의 간극이 커지는 현상이 심화된다. 현장에서 멀리 떨어진 본사의 상사들에게는 각 부문의 생산성이 올라가기는 했지만 무엇이 어떻게 생산성을 올리고 있는지 원인과 요인 등 자세한 부분은 눈에 보이지 않는다.

현재 사회 전체 부문에서 노동개혁을 외치고 있다. 이렇게 된 원인 중 하나가 직원들이 일하는 방식을 경영진이 모르기 때문이다. 상사들은 불상사가 일어나거나 불행한 산재가 일어나지 않는 한 현장의 노동 환경이 한계 상황이라는 사실을 모른다. 실제로 화이트칼라 노동 현장은 흑백 영화 시대의 명작 〈모던 타임스〉와 다름없는 세계가 되었다. 〈모던 타임스〉는 인간이 일하는 속도 따위 상관하지 않고 움직이는 컨베이어벨트 공장 라인의 모습을 그리고 있다. 현재 화이트칼라 직장들도 이와 같은 페이스로 움직이고 있다.

오늘날의 파워드 슈트로 꼽을 수 있는 컴퓨터, 스마트폰, 태블릿 등 IT 기기는 가능한 작업을 세분화하여 아주 적은 틈새 시간이라도 낭비 없이 일하게 만든다. 메일에 대한 답장, 문서 회람, 회의실 예약 등 30초 단위로 하나하나 처리한 후 다음 일을 마주한다.

파워드 슈트를 일단 몸에 두른 화이트칼라가 작업을 멈추지 않는 한 화이트칼라의 일은 점점 생산성이 올라간다. 생산성이 이렇게 올라가다보면 언젠가 '가격'이 '비용'과 일치하지 않게 된다. 서비스 가격을 결정하는 사람들이 시시각각 변화하는 생산성에 대응하여 정당한 가격을 설정할 수 없기 때문이다.

'이 서비스는 다른 회사에서 이 정도의 가격으로 판매하니까', '고객이 이 가격이 아니면 사주지 않으므로', '이 가격이라도 비용이 그만큼 떨어질 테니까'와 같은 이유로 경험치에만 의존해서 가격설정을 대충 하게 된다. 그 결과 팔려도 이익이 나지 않는 상품이 나온다. 바쁘게 일을 처리하면서 작업은 잔뜩 늘어나는데 이익이 나지 않으면 임금도 올라가지 않는다.

만약 물건을 만들어내는 공장이라면 원자재비를 산출하고 인건비와 기계 가동 원가를 계산하여 제품의 적절한 가격을 설정한다. 하지만 IT 산업의 앱이나 서비스는 제품의 적당한 가격 설정이 불가능하다. 애초에 종합원가계산방식 원가계산 기간에 발생한 총원가를 그 기간의 총생산량으로 나누어 제품단위당 원가를 산정하는 방법이라는 사고방식이 IT에는 적합하지 않다. 가격을 책정할 때 노동자의 사정은 염두에 두지 않고 상품이나 서비스가 팔릴지 어떨지의 전망에 따라 가격과 이익이 결정된다.

그러다 보니 생산성이 계속해서 올라가는 업무 현장에는 서서히 따라가지 못하는 사람이 늘어난다. 새로운 기술에 적응하지 못하고 낡은 방식을 고집하는 나이 많은 직원과 정신적인 면에서 적응하지 못하고 컨디션이 나빠지는 젊은 직원이 나온다. 현시점의 파워드 슈트는 개별 인간의 대응력까지는 고려하지 않는다.

이렇게 생각해보면 '스마트폰 덕분에 일이 편해졌다'고 느끼는 편리함이 결국 얄궂은 현실을 만들었다는 사실을 알게 되는 날이 온다. 나만 편리하고 빠르게 일할 수 있다면 얼마나 좋을까. 하지만 현실은 주위의 수많은 사람이 모두 파워드 슈트를 입고 똑같이 일의 생산성을 올리고 있다. 탈락한 사람이 있든 말든, 우리는 파워드 슈트 효과의 공포 아래에서 매일 속도를 올린다. 이렇게 파워드 슈트 효과는 '일은 많아지고 임금은 올라가지 않는' 사회를 만들며, 한층 나아가 비정규직 증가 문제에도 영향을 끼친다.

다음 장에서는 인공지능의 발달에 따라 현재 진행형으로 일어나기 시작한 노동문제와 경제문제에 대해 지적해보고자 한다.

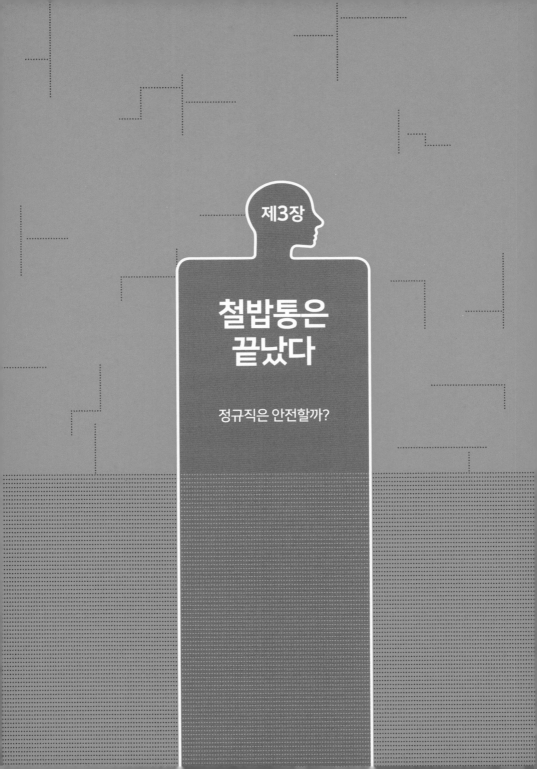

제3장

철밥통은
끝났다

정규직은 안전할까?

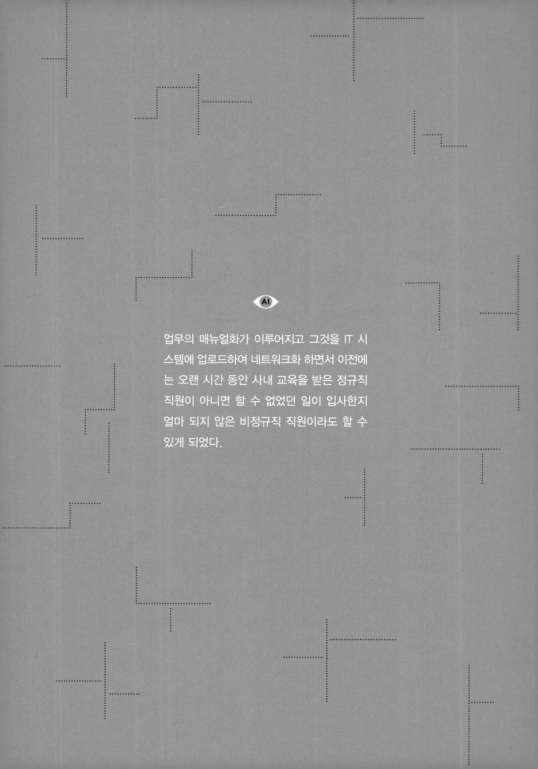

AI

업무의 매뉴얼화가 이루어지고 그것을 IT 시
스템에 업로드하여 네트워크화 하면서 이전에
는 오랜 시간 동안 사내 교육을 받은 정규직
직원이 아니면 할 수 없었던 일이 입사한지
얼마 되지 않은 비정규직 직원이라도 할 수
있게 되었다.

갈수록 정규직이
줄어드는 이유

노동자는 늘고 정규직은 줄어든다

앞으로 찾아올 시대에는 인공지능과 로봇에게 인간의 일자리를 빼앗기는 'AI 실업'이 본격적으로 사회 문제로 떠오를 것이다. 현재는 AI로 인해 일자리가 소멸되기 직전 시기라고 볼 수 있다. 인공지능의 발전에 따라 어떤 일이 일어나고 있는지 그리고 앞으로 어떤 일이 일어날지를 논의하고 고찰해보는 것이 이 책의 목적이다. 3장에서는 정규직의 과거와 현재 그리고 가까운 미래에 초점을 맞춰서 이야기해보려고 한다.

일본의 행정기관인 후생노동성厚生労働省이 작성한 노동력 조사 통계에 따르면 2016년 시점에 일본 전체 노동자는 5,391만 명이다. 이 통계는 30여 년 전인 1984년부터 내기 시작했다. 그 해의 일본 노동자는 3,936만 명으로 지금보다 상당히 적었다.

다음 그래프를 보면 오늘날까지 일자리가 소멸하기는커녕 꾸준히 상승하여 32년 동안 약 1,500만 명 가까이 증가했다는 사실을 알 수 있다. 이런 속도로 노동자 수가 증가한 이유는 크게 여성의 사회 진출과 시니어 세대의 노동력 증가로 볼 수 있다. 1980년대는 여성 직원이 결혼하면 회사를 그만두고 전업주부가 되는 것이 당연한 시

일본 노동자 수 추이

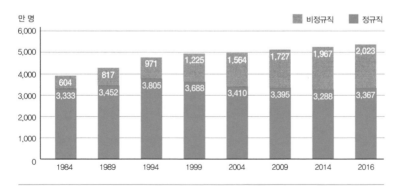

자료 출처: 일본 후생노동성 자료를 바탕으로 작성

대였으며, 장년층의 은퇴도 빨랐다. 당시 대기업의 정년은 55세 생일이었다. 생각해보면 지금 나는 이미 그 당시에 정년퇴직하는 정규직보다도 나이가 많다. 그리고 막연히 '앞으로 15년은 더 이렇게 일하겠지'라는 각오도 하고 있다.

5년 단위로 30여년 간의 변화를 살펴보니 확실히 큰 시대변화가 일어나고 있다는 사실을 새삼스럽게 느꼈다. 1984년의 통계 내용을 살펴보면 당시는 전체 노동자의 85%가 정규직이다. 반면 아르바이트를 비롯한 비정규직은 604만 명에 지나지 않는다. 이 무렵을 다시 떠올려보면 당시 대학생이었던 나는 여러 개의 아르바이트를 겸하고 있었다. 당시의 아르바이트는 지금과 비교해보면 간단한 작업이 많았다. 창고 한 쪽에 흩어져 있는 상자를 정리하는 일이나 역 통로에서 이벤트 홍보 간판을 들고 있는 일, 슈퍼마켓 정육코너에서 온종일 소리 높여 손님을 부르는 일 등 기술이 필요하지 않은 일을 하며 시급 600엔을 받는 시대였다. 그리고 조금이라도 기술이 필요한 일이나 책임을 동반하는 일은 정규직이 했다. 이것이 당연한 시대였다.

그 후 통계 그래프를 보면 정규직의 수는 1994년에 3,805만 명으로 최고점을 찍고 그 후로 2014년까지 20년 동안 꾸준히 감소한다. 대신 비정규직이 노동자의 증가를 메우고 있다. 2016년 시점에는 전체 노동자 중 정규직의 구성비가 62%까지 감소했다.

고도화되는 비정규직 업무

노동력 시장이 이렇게 비정규 고용으로 옮겨간 배경에도 앞 장에서 이야기했던 파워드 슈트 효과가 자리하고 있다. IT와 인공지능이 진보한 덕분에 웬만한 일은 누구나 간단하게 처리할 수 있게 되었기 때문이다.

정규직이 감소하고 비정규직이 증가한 원인도 마찬가지다. 기술이 필요한 일과 책임을 동반하는 일의 상당 부분이 정규직이 아니어도 할 수 있게 되었다. 현대의 비정규 직원이 일하는 현장을 살펴보면 이 사실을 쉽게 이해할 수 있다.

앞서 편의점에서 아르바이트 점원이 발주 업무를 수행하고 있다는 사실을 지적했다. 소매점의 발주 업무는 본질적으로 상당히 책임이 무거운 일이다. 과거의 상식으로는 숙련된 판매 직원이 아니면 할 수 없었을 이런 업무가 시스템화 덕분에 평범한 아르바이트 점원의 업무로 변했다.

핸드폰 판매 직원의 일도 마찬가지다. 애초에 핸드폰 가격은 통상 2년 약정에 총액 20만 엔에 가까운 이용료를 지불하는 고액 상품이다. 따라서 약정 계약을 할 때는 정확한 설명이 반드시 필요하다. 소비자의 오해가 없도록 휴대전화 신규계약을 맺을 때에는 법령에 의거한 방대하면서 세밀하게 짜인 판매 과정을 수행해야 한다. 즉 예전이었다면 숙련된 전문 판매 직원이 대응해야 할 일이었다. 하지만 휴대폰 판매 과정을 고도로 시스템화하여 채용된 지 얼마 되지 않은 신입 파트타임 직원이라도 별 문제 없이 계약을 할 수 있게 판매 프로세스를 완성시켰다.

즉 이전에는 숙련된 정규직이 아니면 할 수 없었을 일을 지금은 인공지능을 이용한 IT 시스템과 스마트폰, 태블릿 등을 조합하여 짧은 시간 훈련한 파트타임 비정규직이 수행하고 있다.

이런 이야기도 있다. 나는 작년에 미국 북서부에 있는 산악 리조트에서 여름휴가를 보냈다. 휴가 기간 동안 호텔에 머물며 프런트 겸 컨시어지를 맡고 있는 직원에게 레스토랑을 소개받고 래프팅 같은 액티비티를 예약하고 가까운 산으로 가는 드라이브 루트를 상담하는 등 다양한 건으로 신세를 졌다. 나중에 물어보니 사실 그녀는 이 호텔에서 일한 지 2개월 밖에 되지 않았다고 했다. 그것도 호텔 업계에서 일하는 것은 처음인 신입 직원이었다. 그런데 내가 부탁한 다양한 요청을 마치 숙련 호텔직원이 대응하는 것처럼 아무런 문제없이 응해주었다. 이제는 이용자가 직접 여행 정보를 올리는 웹사이트인 트립어드바이저와 음식점 예약 사이트인 오픈테이블 등을 활용하면 비전문가도 호텔 컨시어지처럼 접객할 수 있는 시대가 되었다. 물론 친절한 태도로 서비스를 제공한다는 것이 전제지만, 전문 지식이 중요했던 고객 응대 분야에서도 단기간의 훈련만으로 파트타임 직원을 전력화할 수 있게 된 것이다. 최근 30년 동안에 수많은 일자리, 상당히 넓은 범위의 일자리가 정규직이 필요하지 않은 일자리로 변했다.

정규직의 쓸모

왜 정규직 일자리가 소멸해가는 걸까? 한 마디로 말하면 기업 간에 경쟁을 하기 때문이다. 경쟁 기업이 서로 격렬한 비용 경쟁, 생산성 향상 경쟁을 반복하는 동안에 필연적으로 정규직을 비정규 노동자로 전환하여 비용을 줄이는 작업이 진행될 수밖에 없다.

비용이 높은 정규직만으로 경합하면 경쟁에서 이길 수 없다. 따라서 업무의 프로세스 중에서 비정규 노동자를 전력화할 수 있는 부분을 찾아 비정규직 일자리로 전환해가는 것이다. 이런 작업이 1990년대 이후 수많은 대기업에서 이뤄졌다.

현재 정규직의 업무는 '새로운 사업과 업무의 성공 패턴을 설계하여 그것을 확장전개 하는 것'이다. 다시 말해 상품 및 서비스를 판매하여 높은 수익률을 올릴 수 있는 구조와 방식을 만들어 내는 것이 첫 번째 단계다. 한번 성공 패턴이 확립되면, 그 패턴대로 운영하는 사업장을 얼마나 짧은 기간에 얼마나 많이 만들어 내는지를 생각하는 일이 두 번째 단계다. 이때 각 사업장에서 일하는 사람은 대부분 비정규직이다. 그리고 이런 프로세스를 계속적으로 향상시키는 것이 세 번째 단계다. 기업은 이 세 가지 단계를 관리하여 막대한 이익을 올린다.

보통 첫 번째 단계는 주로 정규직이 담당하여 높은 수익률을 달성할 수 있는 사업 모델을 모색하고, 두 번째와 세 번째 단계는 가능한 많은 비정규직에게 업무를 분담하여 수익 규모를 극대화시키는 것을 목표로 한다. 이렇게 완성된 사업 모델은 잘 되면 잘 될수록 적은 수의 정규직으로 전체 시스템이 운영되고 같은 업무가 전국 방방곡곡에 '카피'되어 경제 시스템이 완성된다. 현대의 비즈니스는 이런 설계 체계가 확대되고 있다.

일하는 방식의 변화가
일하는 사람을 바꾼다

새로운 정규직의 등장

앞에서 이야기한 대로 생각해보면 통계보다 더 빠른 속도로 정규직의 일자리는 소멸하고 비정규직 고용으로 전환되어도 이상하지 않다. 하지만 정규직의 수는 2014년에 바닥을 찍고 그 이후에는 반대로 증가 추이로 전환되었다.

여기에는 두 가지 이유가 있다. 하나는 정규직은 고용계약을 하기 때문에 자연 감소하지 않으면 경영자 마음대로 줄이기가 어렵다는 것이다. 법률에 따르면 정규직은 회사가 자의적으로 해고할 수 없다. 고용계약은 명칭 그대로 회사와 개인 사이에 체결되는 장기계약이기 때문이다. 회사가 경영 위기에 처했거나 특별한 상황에 몰리지 않는 한 고용을 유지해야 한다. 그리고 개인은 업무에 전념하여 회사의 발전을 위해 일한다. 고용계약이란 본래 이런 전제로 체결된 '40년 계약'이기 때문에 회사는 그것을 지킬 의무가 있다.

사실은 내가 회사원이 된 1980년대에 대기업의 일본식 경영 규율에는 이런 법적인 계약 이외의 암묵적인 계약사항까지 더해져 있었다. 그것은 종신고용, 연공서열 그리고 회사 경영에 대한 조합의 협조였다. 여기서 세 번째 요소는 경영용어로 '기업 내 노동조합'이라고 부른다. 노동조합이란 서양의 정의로는 회사와 맞서 노동자의 권리를 보호하는 세력이지만, 일본의 대기업에서 노동조합은 기업 내의 직원만으로 조직되는 것이 일반적이다. 그리고 기업 내 노동조합의 역할은 경영진과 협력하여 노동자의 권리와 회사의 이익을 양립시키는 것을 목표로 회사와 노동자 사이에서 조정 역할을 맡는다. 이 암묵의 계약이 의미하는 것은 다음과 같다.

① 회사는 학교를 갓 졸업한 신입직원을 평생 고용한다. 직원은 회사를 위해 열심히 일한다.

② 연령에 따라 경험이 쌓이는 것으로 여겨 회사 조직은 이에 따라 모든

직원을 같은 페이스로 승진시킨다. 그에 따라 임금은 올라가므로 젊었을 때는 임금이 낮더라도 참고 일한다.

③ 회사란 전 직원이 하나의 배를 탄 것이므로 회사가 침몰하지 않는 것이 가장 중요하다. 회사를 위해서 모든 직원은 힘을 하나로 모아야 한다.

물론 이는 노동법규에 기재되어 있지는 않지만 1960년대부터 1980년대까지 잘 기능하며 일본 경제 발전을 지탱해왔다. 하지만 알다시피 이 암묵적 계약은 1990년대에 붕괴되었다. 그 결과 1980년대 후반에 대기업에 입사한 인재가 가장 손해를 보는 형태가 되었다. 젊었을 때는 적은 임금으로 일하고 연령이 높아져도 임금은 올라가지 않는다. 회사는 이익을 올리는 구조로 변해가지만, 이익은 직원에게 환원되지 않고 주주에게만 환원되는 현상이 반복된다.

결국 직원을 지키기 위한 법적 마지노선인 '회사 상황에 따라서 마음대로 해고할 수 없다'만 남았다. 임금은 오르지 않지만 쉽게 해고하지는 못한다. 그리하여 일정 수의 정규직이 조직 속에서 정년에 따른 자연 감소를 기다리고 있다. 이런 상태로 정규직의 감소 속도가 한계에 도달해 있는 것이 하나의 이유다.

또 다른 이유는 최근 10년 동안에 정규직의 의미가 변질된 것에 있다. 미국과 비교하여 생각하면 이해하기 쉬운데, 미국에는 정규직과 비정규직이라는 개념이 없다. 오히려 풀타임 노동자와 파트타임 노동자의 차이가 있다. 일본에서는 정규 노동자와 비정규 노동자 사이에 '동일 노동이지만 동일 임금이 아닌 것'이 사회 문제가 되고 있지만 미국에서는 애초에 풀타임과 파트타임이 같은 노동을 한다면 임금도 당연히 동일하다. 이런 논리에 입각해서 많은 일본기업 현장에서 정규직 노동자를 '풀타임으로 일하는 값싼 노동력'으로 새롭게 정의하려는 움직임이 늘고 있다.

최근 수년간 대기업이 머리를 싸매고 고민하는 문제는 아르바이트나 파트타임 직원에게 맡기고 싶은 일도 점점 사람을 구하기 힘들어진다는 것이다. 특히 24시간 체계로 업무를 돌려야만 하는 현장은 인원 확보가 늘 문제다. 저출산·고령화 사회가 서서히 진행되는 가운데 대기업들은 만성적인 인력 부족이 최대의 경영과제가 되기 시작했다. 반면 과거 30년 동안에 연공서열로 임금을 계속해서 올려준다는 고용 관행은 조금씩 붕괴되었다. 그러면서 정규직의 비용이 경비를 압박한다는 경영 리스크는 이전과 비교해 줄었다.

이런 흐름 속에서 새로운 형태의 정규직 고용이 유행하기 시작했다. 직원을 장시간 속박하기 위해 그리고 책임을 전가하기 위해 새로운 형태의 정규직이 증가한 것이다. 이를 악용하면 정규직은 이름뿐인 관리직으로 아르바이트 인원이 부족할 때마다 잔업 수당도 받지 못하고 일을 해야 하는 상황이 생긴다. 한 이사 업체에서는 현장에서 일어난 손해를 정규직원이 리더라는 이유로 회사를 대신하여 변제하는 사례도 발생했다. 흔히 블랙기업이라고 불리는 곳에서 발생하는 현상인데, 꾸준히 사회 문제로 제기되고 있지만 젊은 노동력 확보가 매년 어려워지면서 사라질 기미가 보이지 않는다.

이처럼 통계상 전체 일자리에서 정규직이 줄지 않은 것처럼 보이는 것은 '임금은 오르지 않으면서 책임만 무거워진 새로운 형태의 정규직'이 늘어났기 때문이다. 나아가 이전 세대에 넘쳐나던 '언젠가는 누구나 부장, 과장의 직책으로 올라가고 고수입을 얻을 수 있는 정규직'은 꾸준히 줄어들고 있다.

매뉴얼 경영이 시작되다

정규직 업무가 비정규 노동자의 업무로 대체되는 현상은 앞으로 어떤 속도로 진행될까? 이것을 이해하기 위해서 과거에 일어난 정규직이 비정규직으로 대체된 역사를 기술적인 측면에서 살펴보겠다.

앞에서 이야기했듯이 1980년 무렵까지 아르바이트나 파트타임이 하는 일은 가벼운 작업으로 누구나 할 수 있는 일이었다. 당시 비정규직 노동자에게 정규직 노동자와 같은 역할을 맡기기 위해서 교육하고 조직적으로 가장 잘 활용했던 곳이 맥도널드다. 맥도널드의 일본 내 점포 수는 300개 정도였다. 한 점포에는 '크루'라고 부르는 아르바이트 직원이 50명 정도 있었기 때문에 일본 전체에 1만 5,000명 규모의 새로운 형태의 비정규 노동 일자리를 만들어낸 셈이다.

맥도널드는 매뉴얼 경영을 일본에 처음 선보였다. 완성도가 높은 메뉴를 균질한 품질로 제공하는 것은 1970년 이전 일본에서는 생각하기 힘든 일이었다. 당시의 일본에서 요리는 프로 조리사가 만들어 제공하는 것이었다. 맥도널드는 모든 재료를 공장에서 중간 가공품 상태로 만들어 각 지점에 납품하고, 조리 기구를 일정온도로 유지하며 타이머로 조리 시간을 컨트롤할 수 있는 주방을 만들었다. 이 주방에서는 매뉴얼대로만 움직이면 비정규 노동력이라도 서비스가 가능하다.

맥도널드의 햄버거 중에서 가장 간단하게 만들 수 있는 메뉴인 필레 오 피시로 예를 들어보자. 아르바이트로 채용된 직원은 사무소에서 20분짜리 교육 영상을 본 후 매장에 배치되고, 선배의 지도를 받으면 바로 첫날부터 필레 오 피시를 만들어 고객에게 제공할 수 있다.

필레 오 피시를 6개 만들라는 지시가 들어오면 냉동고에서 냉동식품으로 준비되어 있는 흰 살 생선 패티 6개를 꺼내 미리 일정 온도로 유지되고 있는 기름에 넣는다. 그리고 튀김기 위에 있는 버튼을 누른다. 이것이 타이머의 역할을 한다. 다음으로 번을 6개 꺼내 찜기 안에 위아래 부분을 나눠 세팅한 후 찜기의 버튼을 누른다. 이것도 타이머다. 찜기 타이머가 울리면 번을 꺼내 타르타르소스가 들어 있는 소스건을 뒤집어 놓은 번 위에 총을 쏘듯이 쏜다. 방아쇠를 한 번 당기면 햄버거 한 개에 맞춘 양의 소스가 나오도록 되어 있다. 튀김기쪽 타이머가 울리면 기름에서 흰 살 생선 패티를 꺼내서 기름을 뺀다. 그것을 집게로 넓적한 접시에 옮겨 가볍게 소금을 뿌린다. 미리 반으로 잘라 놓은 체다 치즈를 올리고 소금을 뿌린 패티를 올린 후 다른 한쪽 번을 올리면 필레 오 피시가 완성된다.

　맥도널드의 아르바이트 직원은 점점 복잡한 일을 맡게 되지만 그것도 단계적으로 자연스럽게 몸에 익도록 일을 분할하여 설계되었다. 최종적으로 누구나 피크 타임에는 1분에 햄버거 12개를 만들어내는 기량을 몸에 익히게 된다. 햄버거를 굽는 철판과 주걱 같은 조리 기구를 어떻게 닦고 관리할지까지 포함하여 매장 내의 일은 전부 매뉴얼화되어 있다. 하나의 매장이 세계의 어떤 매장과도 동일한 품질의 상품과 서비스를 제공할 수 있도록 철저히 설계된 것이다. 1980년대 이후 일본에서 급속히 발전한 체인 오퍼레이션Chain Operation 음식점은 다소 차이는 있지만 맥도널드의 매뉴얼 경영을 채용해 발전했다. 이것이 비정규직의 전력화가 확대된 첫 번째 조류다.

정규직만 할 수 있는 일은 이제 없다

이 시기에 화이트칼라의 직장에서는 오피스 오토메이션Office Auto-mation이 도입되기 시작했다. 내가 회사에 입사한 1980년대 중반이 마침 그 시기로, 기업에 따라 다소 차이는 있지만 이전까지 손으로 썼던 사내 문서가 1980년대 후반 무렵에 모두 워드 프로세서로 대체되었다. 이른바 업무의 전산화가 시작되었는데 이것을 오피스 오토메이션이라고 부른다. 컴퓨터, 프린터, 복사기, 팩스 등의 기계를 우리는 OA기라고 불렀다. 즉 이 시기에 진행된 오피스 오토메이션 혁명이란 겨우 그 정도의 기계가 도입되었을 뿐인 일이었다. 그래도 당시에 화이트칼라의 업무는 극적으로 생산성이 향상되었다.

결국 1980년대 후반에 매뉴얼화와 오피스 오토메이션이 사내 시스템으로 총합되면서 IT 시스템화의 붐이 일어났다. 우수한 직원의 업무 능력을 인공지능으로 재현할 수 있는 이른바 엑스퍼트 시스템이라는 것도 이 무렵 도입된 개념으로 2차 AI 붐이라고도 불린다. 엑스퍼트 시스템이 발전한 완성형의 하나가 요즘 편의점에서 사용하는 발주 시스템이다. 발주라는 중요한 작업이 인공지능의 도움으로 아르바이트 직원에게 맡기는 일이 되었다.

오피스 오토메이션으로 인한 업무 혁명 다음 단계는 1990년대 후반에 등장한 인터넷과 전자메일이다. 이어서 사내에서만 사용하는 인트라넷이 등장하여 회사 내에서 업무 방식이 격변하였다. 90년대 초반까지만 해도 대부분의 사무실에 인터넷이 없었다. 전자 메일도 존재하지 않았다. 대신 오피스 내에 사내 우편 조직이 있었다. 급한 용건이 있을 때는 내선 전화를 걸지만, 대부분 사내에 다른 부서 직원에게 연락을 할 때에는 편지를 써서 마치 패밀리 레스토랑 대기자 리스트처럼 수신인 칸이 나눠져 있는 봉투에 넣고 사내 아르바이트 메신저에게 전달했다. 편지나 서류를 받으면 봉투의 수신인에 줄을 긋고 그 봉투는 다시 사용한다. 수신인 리스트의 다음 칸에 새로운 수신인을 기입하여 다시 편지를 보낸다. 이렇게 당연하게 시간과 노력이 들던 업무가 전자메일의 등장으로 격감했다.

그룹웨어를 사용하기 시작한 것도 그 시기다. 그룹웨어를 통해 다른 직원이 업무를 진행하며 쌓아온 경험과 지식을 회사 차원에서 공유하면서 업무 생산성에 가장 큰 변화를 일으켰다. 지금은 상상하기 힘들겠지만 그 전까지는 퇴근 후 식사 자리를 마련하여 술이라도 한 잔 대접하면서 상대방의 노하우를 얻는 것이 이른바 '어른들의 업무 방식'이었다. 그 시대에는 '어느 거래처와의 사이에서 트러블이 발생했을 때 거래처의 누구를 중심으로 움직이면 해결할 수 있는가', '새로운 형태의 서비스 가격 설정을 할 때 어떤 부분에 주의해야 하는가' 같은 중요한 노하우의 대부분이 개개인이 소유하는 지식이자 능력이었다. 일을 잘하는 사람 한 명 한 명이 노하우를 개인의 무기이자 재산으로 생각했다. 그러므로 일을 더 잘하기 위해서 퇴근 후에 개인적인 친목 네트워크를 이용하여 사내 접대를 하며 술과 정보를 교환하곤 했다.

인트라넷의 등장은 그런 일의 방식을 완전히 바꿔놓았다. 직원 개개인이 쌓아온 업무상의 노하우는 인트라넷에 보관하고, 일정한 권한이 부여된 직원은 그 자료를 보면서 노하우를 그대로 사용할 수 있게 되었다. 동시에 그룹웨어와 메신저 등이 발달하면서 자료를 읽다가 모르는 부분이 있으면 바로 질문하여 답변을 받을 수도 있게 되었다.

업무의 매뉴얼화가 이루어지고 그것을 IT 시스템에 업로드하여 네트워크화 하면서 이전에는 오랜 시간 동안 사내 교육을 받은 정규직 직원이 아니면 할 수 없었던 일이 입사한지 얼마 되지 않은 비정규직 직원이라도 할 수 있게 되었다. 이것이 오늘까지 비정규직 노동자가 전체 임금 노동자의 40%를 차지하게 된 경위다.

정규직의 비정규화는
어떻게 진행될까

단순 사무 업무가 사라지다

현재 주목을 받고 있는 로보틱 프로세스 오토메이션Robotic Process Automation, RPA은 컴퓨터 안에서 항상 구동되는 상태로 화이트칼라의 업무를 배워가는 프로그램이다. 이 프로그램으로 자동화된 대표적인 일이 여러 개의 프로그램을 오가며 동시에 몇 가지 판단을 내리면서 업무를 수행하는 사무 작업이다. 월말 청구서 발행 작업을 예로 설명해보자.

앞에서 말했듯 나는 한 달에 16개의 칼럼과 기사를 쓴다. 회사와는 별개로 개인적으로 하고 있는 일이므로 청구서 발행 작업을 직접 한다. 한 출판사는 그달 쓴 원고의 제출일과 기사 타이틀을 엑셀 시트에 기입하여 작성한다. 따라서 나는 편집자와 주고받은 전자 메일을 체크하고 날짜와 첨부 파일의 타이틀을 확인하여 청구서를 발행한다. 이렇게 발행한 청구서를 얼마 전까지는 우편으로 발송했다. 우편으로 보낼 경우 엑셀 파일을 인쇄한 청구서와 워드로 작성한 송장을 프린트해서 보냈다. 이때 송장 파일을 열어 편집부의 편집자 이름을 입력하고 용건 기입란에 '청구서 송부의 건'이라고 입력하여 인쇄해야 한다. 거기에 수신인 작성 프로그램을 열어 받는 사람의 주소를 라벨에 인쇄하여 붙이면 사무 작업은 끝난다.

이런 일련의 과정을 RPA 소프트웨어가 학습하여 자동화하고 있다. 가장 초보적인 단계는 송장 작성 업무로 이것은 매크로 같은 오래된 기술로도 대응할 수 있다. 판단 알고리즘을 더한 형태의 RPA도 있다. 사전에 판단 분기를 프로그램 해두는 형식이다. A사에 보내는 청구서는 항목만, B사에 보내는 청구서는 세부 항목에 기사의 날짜와 타이틀을 기입한다는 식으로 일의 내용에 따라 프로그램이 판단하여 실행한다.

그리고 최근 주목받고 있는 기술은 인공지능에 판단 알고리즘 프로그램을 입력하지 않아도 기계 학습을 통해 인공지능이 스스로 작업을 자동화하는 기능이다. 청구서를 작성할 때 파일을 열어 기사의 날짜와 타이틀을 입력하는 회사라면 인공지능이 스스로 메일을 주고받은 이력과 저장해둔 파일을 검색하여 데이터를 찾아낸다.

인간이 하나하나 정보를 모아 작성하던 방식에서 인공지능이 직접 서류를 보고 외워서 대신 작업할 수 있게 된 것이다. 이 프로그램이 혁명적이라고 말하는 이유는 이런 작업을 자동화하기 위한 시스템 엔지니어가 없어도 된다는 점이다.

오래전에는 정보 시스템을 개발하려면 ①시스템 엔지니어가 업무 현장에서 일어나는 업무 프로세스를 이해하여 ②그 이해를 논리적으로 문서로 기술하고 ③그 후에 프로그램 언어로 작성한다는 3단계의 작업을 거쳐야 했다. 게다가 이런 시스템 개발은 평상시 업무를 하고 있는 현장 직원이 하는 작업이 아니기 때문에 때때로 ①과 ②의 프로세스에서 문제가 일어났다. 시스템 엔지니어가 이해한 업무 내용이 실제 업무와는 다른 경우가 발생했고, 나중에 실무자가 사용하면서 잘못된 부분을 발견하여 프로그램을 수정하는 작업을 반복해야 했다. 시스템 개발은 항상 성가시고 시간이 걸리는 일이었다.

하지만 RPA라면 이 3단계를 인공지능이 알아서 처리한다. 따라서 지금까지보다 훨씬 적은 투자로도 시스템을 개발할 수 있다. 게다가 시간과 인력만 들어가고 그다지 이득이 없었던 마이너한 작업도 단

기간에 자동화할 수 있다. 내가 매월 말에 30분을 들여서 했던 청구서 발행 작업 같은 '굳이 자동화해도 투자비용만 더 들 것 같은 사소한 업무'를 RPA의 인공지능 소프트에게 가르치면 버튼 하나로 가능한 자동화작업으로 바뀐다.

은행의 대규모 정리해고가 시작됐다

실제로 RPA가 지금 고용의 미래를 뒤흔들고 있다. 그 진원지는 은행이다. 2018년 학생 취업활동에서 이전까지 부동의 인기를 자랑해온 '은행'의 위치가 하락하기 시작했다.

최근 대형 취업활동 정보 사이트 디스코disc.co.jp가 조사 발표한 내용이 화제가 되었다. 통계를 시작한 이래 8년 연속 업계 인기 1위였던 은행이 4위로 전락한 것이다. 대신 1위에 오른 분야는 인공지능, 핀테크와 관련된 '정보 인터넷 서비스'였다.

취업 활동을 하는 학생들에게 은행이 오랫동안 인기를 얻을 수 있었던 이유는 타 업종에 비해 압도적으로 고수입을 보장받을 수 있다는 이미지가 강했기 때문이다. 다른 이유로는 엘리트라고 불리는 은행원을 동경한다는 것이 많은 사람들의 공통된 설명이었다. 업무에 대한 정신적인 스트레스가 심하고 인간성을 갉아먹는다는 단점이 있더라도 사회적 지위가 높은 은행원의 일은 과거 수십 년 동안 학생들의 인기 직종이었다.

그렇다면 왜 최근 1년 사이에 급격히 은행의 인기 순위가 떨어진 것일까? 직접적인 계기는 2017년에 메가뱅크 3사가 각각의 형태로 대규모 정리해고 계획을 발표한 것이다. 각각 시행 시기와 규모는 다르지만 미쓰이스미토모 파이낸셜그룹은 2021년까지 4,000명분의 업무량을 줄이고, 미쓰비시UFJ 파이낸셜그룹은 2024년까지 9,500명분의 업무량을 줄이겠다고 발표했다. 그리고 미즈호 파이낸셜그룹은 2027년까지 1만 9,000명을 감원한다고 발표했다.

언뜻 보기에는 미쓰이스미토모가 가장 적은 규모, 미쓰비시UFJ가 중간 규모, 미즈호가 가장 큰 규모로 정리해고를 하는 것처럼 보이지만 사실 3사의 발표는 전혀 다르지 않은 계획이다. 3사 모두 RPA를 도입하여 사무 작업을 자동화한다. 그러면 앞으로 5년 사이에 사람이 하는 은행 사무 업무는 대량으로 줄어든다. 일이 사라지면 회사는 은행원을 다른 업무로 돌린다. 이것이 미쓰이스미토모 파이낸셜그룹이 4,000명을 사무에서 영업으로 배치전환한다는 계획의 근거다. 이에 대해 경영진은 '단순 업무에 종사하던 인재를 창조적인 일에 배치한다'고 표현했다.

미쓰이스미토모가 말하는 4년 동안에 4,000명이라는 수치와 미쓰

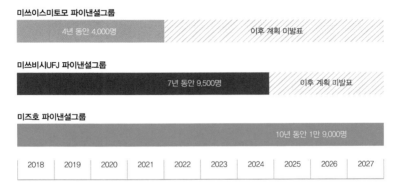

메가뱅크 각 사의 업무량 / 직원 수 감원 계획

미쓰이스미토모 파이낸셜그룹

4년 동안 4,000명 　　　　　이후 계획 미발표

미쓰비시UFJ 파이낸셜그룹

7년 동안 9,500명 　　　이후 계획 미발표

미즈호 파이낸셜그룹

10년 동안 1만 9,000명

| 2018 | 2019 | 2020 | 2021 | 2022 | 2023 | 2024 | 2025 | 2026 | 2027 |

자료 출처: 각종 보도 자료를 바탕으로 작성

비시UFJ가 말하는 7년 동안에 9,500명이라는 수치는 기간에 따른 규모의 차이가 있을 뿐 양쪽 모두 똑같이 은행의 사무 업무를 자동화하고 인력을 영업으로 전환한다는 이야기를 하고 있다. 현장 인력이 필요 없어진 기업에서 종종 하는 돌려 말하기 화법이다.

실제로 일본 국철이 분할 민영화로 JR그룹이 되었을 때 현장 직원을 영업으로 전환하는 인사이동이 이뤄졌다. 후지쓰Fujitsu와 일본전기주식회사NEC에서는 대량 공장 폐쇄를 계획하면서 당시 공장에서 일하던 직원들을 IT 엔지니어로 전환하겠다고 발표했다. 말하자면 지금까지 해온 일을 정리하면서 그 회사에서 가장 돈을 많이 벌 수 있는 분야로 직원을 배치전환한다고 발표한 것이다. 그런데 현장 직원을 영업이나 IT 엔지니어 같은 '창조적인 업무'에 배치해도 실제로는 처음 맡는 일에서 자신의 기량을 발휘하지 못한다. 그 결과 많은 직원이 새로운 일자리에 정착하지 못하고 회사를 그만두었다.

이런 관점에서 보면 미즈호 파이낸셜그룹만이 가장 솔직하게 장기 계획을 발표한 셈이다. 미즈호만 업무량 소멸에 따른 남는 인력을 다른 업무로 전환하지 않고 감원으로 대응한다고 명확히 말하고 있다. 새로운 일에 적응하지 못한 직원들이 회사를 그만두면 결과적으로 감원을 하는 것과 마찬가지이기 때문이다. 그리고 논리적으로 추론해보면 미쓰이스미토모와 미쓰비시UFJ가 아직 계획에는 포함하지 않은 5년, 8년 이후에는 미즈호와 같은 결단을 내릴 수밖에 없을 것이다.

학생들이 열심히 취업 준비를 하고 결국 입사한다고 해도 그 후에는 대규모 정리해고가 기다리고 있다. 눈치가 빠른 학생은 그 이유도 알고 있다. 핀테크에 대규모 투자가 집중되어 있기 때문이다. 지금은 인공지능이 은행원의 경쟁 상대다. 게다가 인공지능이 은행원보다도 경쟁력이 강하다. 따라서 필연적으로 은행은 인기업종 1위 자리를 내주고 대신 핀테크를 생산하는 분야인 정보 인터넷 서비스가 인기업종 1위에 오르는 결과가 나온 것이다.

그나마 메가뱅크는 기업 중에서 임금 수준이 높기 때문에 미리 10년 후까지 장기계획의 형태로 정리해고 계획을 발표할 수 있었다. 그렇다면 다른 일자리는 어떨까?

오늘날 정규직의 의미

현실에서는 은행뿐만 아니라 전국에 퍼져 있는 화이트칼라의 일자리에서 사무 작업이 소멸하고 있다. 그러면서 본격적으로 대규모 고용문제가 발생한다.

이때 RPA 도입으로 정규직의 일자리가 소멸하면 직격탄을 맞는 것은 아이러니하게도 비정규직 노동자다. 왜냐하면 대규모 고용 조정이 필요할 때 기업 측에서 압도적으로 손을 쓰기 쉬운 쪽은 비정규직이기 때문이다.

1980년대에 일본 국철 개혁 당시에도 이런 상황이 일어났다. 일본 국철이 JR그룹이 된 경위는 오래된 일이기 때문에 자세한 내용을 모르는 사람들이 많을 것이다. 당시 국철은 37조 엔이라는 거액의 채무와 27만 명의 직원을 떠안은 채로 경영 위기에 몰려 있었다. 이런 경영 위기를 해결하기 위해 분할 민영화를 진행하면서 크게 두 가지 일을 했다. 우선 철도용지를 매각하여 채무를 절반으로 줄이고, 다음으로 직원을 3분의 2로 줄였다.

민영화 초기에 JR의 간부가 "사람 수가 줄어서 큰일입니다. 모두 민영화 이전 보다 두 배로 일하고 있습니다."라고 말했다. 그러나 우리 컨설팅팀이 분석해본 결과 당시 경쟁상대인 사철은 민영화 후의 JR 직원이 일하는 것보다 두 배의 생산성으로 일하고 있었다.

JR의 정규직 수는 적정 수준보다 많았지만 상당수의 정규직이 철도 현업에서 주변 업무로 배치전환되었다. 그 결과 본사에서 방문객에게 차를 내는 일도 중년의 JR 직원, 역 구내에 새롭게 출점한 라면 가게의 점원도 JR 직원, 카페에서 주문을 받는 사람도 JR 직원인 상태가 되었다.

적어도 1990년대 중반까지는 JR 정규직을 적정 수준까지 줄이기 위해서는 퇴직으로 인한 자연소멸로 대처할 수밖에 없었다. 따라서 일반 기업에서는 비정규직 노동자가 하는 일을 당시의 JR에서는 정규직 노동자가 수행했다. 메가뱅크에서 앞으로 일어날 변화도 이런 과정을 거칠 가능성이 충분히 있다.

여기에서 생각해야 할 것은 '정규직이란 대체 무엇인가?'이다. 본래 의미로는 정규직이란 숙련공이다. 특별히 제조 현장만의 이야기가 아니라 화이트칼라의 현장에서도 마찬가지다. 하나의 일을 몇 년 동안 꾸준히 하면서 스킬을 몸에 익힌, 다른 사람으로 간단히 대체할 수 없는 숙련된 인재가 애초에 직장이 필요로 했던 '정규직'이다. 여기에 일의 특수성, 자사의 업무 방식에 대한 이해, 회사의 방향성 공유, 팀으로서의 일체감, 회사에 대한 충성도 등을 전부 포함하여 '숙련된 직원'이라는 의미가 컸다. 그렇기 때문에 회사는 갓 졸업한 신입직원을 대량 채용하여 인재로 성장시켜 회사의 전력으로 유지해왔다.

정규직의 임금 수준이 높았던 이유는 오랜 기간 일해 온 사람이 일에 대한 수행 능력이 높기 때문이다. 지금은 업무 중 많은 부분이 입사 후 2주만 지나면 충분히 소화할 수 있다. 회사에 대한 이해도 팀으로서의 일체감도 기업 내의 SNS나 그룹웨어로 컨트롤이 가능하다. 이렇게 되면서 오래된 의미의 정규직이 필요 없어졌다.

지금은 오히려 다른 이유로 정규직을 고용한다. 장기적으로 일정 수의 인력을 안정적으로 확보해두고 싶은 것이다. 따라서 '오래 일할 사람, 어느 정도 제대로 된 인재'가 정규직의 조건이 되었다.

연차가 밥 먹여주는 시대는 끝났다

한 어패럴 기업의 대표가 "앞으로 연봉 1억 엔을 받는 소수의 직원과 연봉 100만 엔을 받는 다수의 직원으로 나눠지는 시대가 찾아온다."고 말한 적이 있다. 그리고 그 회사는 계약직원을 점차 정규직으로 전환했다. 즉 앞으로 사회에서 말하는 정규직 노동자란 비정규직 노동자만큼 급여 수준은 낮지만 고용만은 계약으로 보증되는 인재를 가리키게 된다. '동일 노동=동일 임금'의 조류에 따르자면 이것은 당연한 흐름이다.

최근 국회에서 일본 경제에 관련된 여당과 야당의 설전을 살펴보면 여당 정치가는 '고용이 증가한 것', '정규직 노동자 수가 수십만 명 규모로 증가한 것'을 정권의 성과로 강조한다. 지금 야당이 여당이었을 시절에 일본 경제가 얼마나 비참했는지 떠올려보면 사회가 그나마 나아진 것은 사실이다. 하지만 앞으로 정부에서 '총 고용수가 늘어났다', '정규직 노동자가 증가하고 있다' 같은 말을 하기 시작한다면 주의할 필요가 있다.

앞으로는 두 가지 형태의 일자리가 감소할 것이 분명하다. 하나는 임금과 대우가 꽤 괜찮은 일자리, 열심히 일하다 보면 언젠가는 과장이나 부장으로 출세할 수 있고 연봉 수준은 30대에 700만 엔, 40대 초반에 1,000만 엔 정도인 일자리다. 이런 오래된 정의에 해당되는 정규직의 수는 최종적으로 고용 전체에서 차지하는 비율이 한 자릿수까지 감소하고 대부분이 소멸할 것이다.

장기적으로 감소할 또 다른 일자리 형태는 풀타임 고용이다. 단기적으로 봤을 때 지금은 사람을 채용하기 힘든 것이 문제가 되고 있기 때문에 회사는 가능한 풀타임으로 일할 사람을 채용하고 싶어 한다. 그중에는 풀타임을 넘어 주 40시간이 아닌 60시간, 연간 2,000시간이 아닌 3,000시간까지 일을 시키려는 블랙기업도 있다.

하지만 인력 부족 상황은 반대로 RPA 같은 기술 혁신을 빠르게 진행시킨다. 결국에는 인공지능이 도입되어 업무가 합리적으로 변하면 화이트칼라의 일자리에 필요한 사람의 전체수는 오히려 감소한다. 이것이 실업률 상승으로 이어지면 정부는 곤란한 상황이 된다. 그래서 워크셰어링을 추진하고 있다. 전체적인 일이 줄어들면 그것을 여러 명의 직원이 나눠서 하자는 사고방식이다.

특히 앞으로 실버 세대는 더욱 더 일하지 않으면 안 된다. 연금 재원에는 한계가 있고 고령자의 수는 점점 빠르게 증가하고 있기 때문이다. 따라서 취업자의 수는 앞으로도 계속 증가할 것이다.

최근의 통계를 보면 이미 실제로 이런 현상이 일어나고 있다. 노동분배율 생산된 소득 중에서 노동자에게 분배되는 부분 수치는 2011년 이후에 우하향선을 그린다. 이것은 회사가 벌어들인 돈을 노동자에게 분배하는 것이 아니라 컴퓨터를 포함한 설비투자에 돌리는 비율이 올라갔다는 것을 의미한다. 그리고 취업자 전체의 수는 매년 증가하고 있음에도 불구하고 한 사람당 노동시간은 매년 감소하고 있다. 오래된 의미의 정규직, 그리고 풀타임 일자리는 이미 소멸되기 시작했다.

제4장

AI 실업에
대처하는
국가의 자세

규제를 통해 일자리를
지킬 수 있을까?

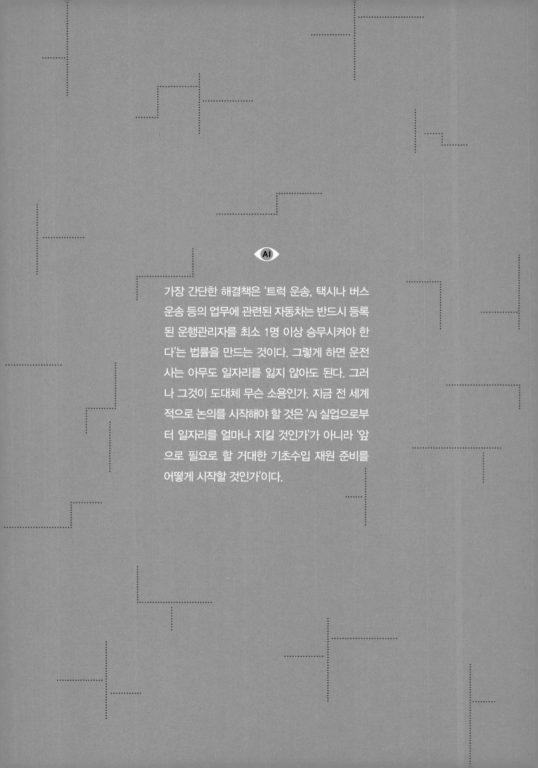

AI

가장 간단한 해결책은 '트럭 운송, 택시나 버스 운송 등의 업무에 관련된 자동차는 반드시 등록된 운행관리자를 최소 1명 이상 승무시켜야 한다'는 법률을 만드는 것이다. 그렇게 하면 운전사는 아무도 일자리를 잃지 않아도 된다. 그러나 그것이 도대체 무슨 소용인가. 지금 전 세계적으로 논의를 시작해야 할 것은 'AI 실업으로부터 일자리를 얼마나 지킬 것인가'가 아니라 '앞으로 필요로 할 거대한 기초수입 재원 준비를 어떻게 시작할 것인가'이다.

자율주행차가 시작한
AI 실업의 현실화

자율주행차의 출현

인공지능과 로봇이 진화하면서 앞으로 20년 이내에 인류의 일자리 중 절반이 소멸한다고 한다. 하지만 지금은 '아직 먼 미래의 이야기겠지'라고 생각하며 그 경고를 신경 쓰지 않는 사람이 대부분이다. 일본은 현재 인력 부족이 큰 경제 문제라 부족한 부분을 인공지능이 대신 해준다는 이야기는 환영하지만 그런 것은 꿈같은 이야기라고 여기는 사람이 훨씬 더 많다. 하지만 일자리 소멸의 시작은 비교적 빨리 찾아올 것이다. 2022년이 되면 세계의 수많은 나라에서 일자리 소멸에 따른 AI 실업이 본격적으로 시작되고 곧 커다란 사회 문제가 된다. 그 방아쇠를 당기는 것이 자율주행차의 출현이다. 앞에서 이야기했듯이 닛산-르노 공동 연구팀은 2022년에 레벨5라고 불리는 일반도로에서 완전히 자율주행이 가능한 자동차를 발매하겠다고 선언했다. 제너럴모터즈, 메르세데스 벤츠 등 세계의 주요 자동차 회사들도 같은 목표를 놓고 각축을 벌이고 있다.

현재 개발상황을 볼 때 2022년에 세계 최초의 완전 자율주행차가 발매되는 것은 '예측'이 아닌 사업계획의 로드맵 위에 설정된 '구체적인 예정'이 되었다. 그리고 일본의 운송업계는 이 자율주행차의 등장을 누구보다 기다리며 힘을 기울여 지원하고 있다. 이유는 인력이 턱없이 부족하기 때문이다.

최근 일본은 완만하지만 장기적으로 경기 회복을 이어가고 있다. 그런데 여기에 난관으로 등장한 것이 물류 문제다. 물류 분야에서는 인간의 노동력이 불가결한데 그 인력을 채용하기가 너무 힘든 상황이다. 인력난의 근본적인 이유는 저출산·고령화로 젊은 노동력이 부족하기 때문이며, 동시에 다른 일과 비교했을 때 가혹한 노동 환경도 문제다. 특히 운반 작업이 힘든 택배나 이사 분야에서는 눈에 띨만큼 일이 밀리기 시작했다.

매년 이사 시즌이 되면 이사 업자의 인력이 부족하여 입학이나 전

근으로 이사를 해도 4월 안에 짐을 받을 수 없는 '이사 난민'이 대량 발생한다. 이러한 문제 때문에 운송업계는 자율주행차를 도입하는 데 앞장서서 힘을 쏟고 있다. 2022년 완전 자율주행차의 출현을 기다리지 못하고 우선 고속도로 한정으로 무인 트럭을 유인 트럭이 열차처럼 견인하는 운행 실험도 계획하고 있다.

물류업계와 운송업계에 4년 후의 자율주행차 출현은 사업의 구세주다. 지금까지 1대에 1,000만 엔인 트럭을 사용했던 장거리 운송회사의 경우, 가령 완전 자율주행 트럭이 1,200만 엔이라는 고가의 상품이라 해도 총 비용은 줄어든다. 장거리 운송을 주 업무로 하는 운송회사의 경비를 대략적으로 계산해보자. 1대에 1,000만 엔인 트럭을 5년 상각으로 계산하면 연간 경비는 200만 엔이다. 그 외에 1명당 연봉 400만 엔의 운전사를 2명 고용한다고 하면 인건비는 800만 엔이므로 1대의 트럭을 가동하는 데는 연간 1,000만 엔의 경비가 들어간다.

자율주행 트럭을 도입하면 인력은 필요 없어진다. 같은 일을 해도 1대 1,200만 엔의 자율운행 트럭을 운용하는 연간 비용은 감가상각비 240만 엔이면 된다. 즉 운송회사가 새로운 트럭을 구입하면 비용이 4분의 1 이하로 극적으로 줄어드는 것이다. 경쟁회사가 먼저 자율주행 트럭을 도입한다면 다른 운송회사도 일제히 자율주행 트럭으로 바꿔야한다. 그렇지 않으면 비용 경쟁에서 이길 수 없기 때문이다.

이렇게 장거리 트럭, 버스, 택시 등 운전사가 없으면 비용이 격감하는 업종에서는 일제히 자율운행차를 도입할 것이다. 일본뿐만 아니라 미국, 유럽, 중국, 러시아 모든 선진국과 신흥국에서 자율운행차 특수가 일어난다.

일자리는 사라져도 실업자는 만들지 않을 수 있다?

그 결과 커다란 사회 문제가 발생한다. 전 세계에서 운전을 직업으로 하는 사람들이 일제히 일자리를 잃는 것이다. 일본의 경우 장거리 트럭, 버스, 택시 세 부분에 종사하는 노동자 수는 합계 123만 명이다. 이것은 택배와 이사처럼 운전뿐만 아니라 배달 업무량의 비중이 큰 노동은 포함하지 않은 수치다.

123만 명이 일제히 일자리를 잃으면 어떤 일이 일어날까? 틀림없이 심각한 사회 문제가 일어난다. 리먼쇼크 후에 파견회사의 계약 종료가 사회 문제가 되었는데 그때를 훨씬 뛰어넘는 문제가 될 것으로 예상하고 있다. 그리고 123만 명이라는 수치는 정치인을 불안하게 하기에 충분하다. 선거에서 운송업에 운전사로 일하는 인원의 123만 표, 아니 가족과 친척을 포함한 약 250만 표가 여당에 반대한다면 정권을 유지하기 힘들다.

그러면 정치인이나 관료는 이 문제를 어떻게 해결하려고 할까? 가장 간단한 해결책은 '트럭 운송, 택시나 버스 운송 등의 업무에 관련된 자동차는 반드시 등록된 운행관리자를 최소 1명 이상 승무시켜야한다'는 법률을 만드는 것이다. 그렇게 하면 운전사는 아무도 일자리를 잃지 않아도 된다.

이처럼 일자리 소멸과 AI 실업은 반드시 일치하지는 않는다. 법률로 공공도로를 달리는 자동차는 무조건 '무인이면 안 된다'는 규칙을 만들면 운전사가 운전석에서 직접 할 일은 사라진다고 해도 거시적으로 실업문제는 논의할 필요가 없어진다. 물론 타고 있기만 하면 되기 때문에 일이 편해진 운전사의 임금은 이전보다도 내려갈 것이다. 운전사 한 사람 한 사람은 임금이 줄어 곤란해지더라도 운송업계는 곤란하지 않다. 무엇보다 '운전석에 앉아만 있으면 되고 나머지는 스마트폰을 봐도 괜찮은 편한 일'이 되면 운전사 채용에 어려움을 겪지 않아도 된다. '그렇게 편한 일이라면 한번 해볼까?'싶은 젊은이나 실버 인재가 두 손 들고 환영하며 찾아올 것이기 때문이다.

타고 있기만 하면 오늘은 후쿠오카, 다음 주는 삿포로, 그다음은 시고쿠 같은 형태로 일본 전국을 여행할 수 있는 장거리 트럭 운전사의 일은 임금을 받으며 전국 여행을 할 수 있다는 생각이 퍼지며 항공회사의 직원급으로 인기 업종이 될 것이 틀림없다. 하지만 이런 '운행관리자'가 탑승하는 것에 어떤 의미가 있는 것일까? 이 질문에 대해 깊이 생각하게 하는 한 비극적인 사고가 미국에서 일어났다.

무인주행 실험 사고가 남긴 세 가지 과제

2018년 3월 18일, 미국 애리조나 주 피닉스 근교의 도로에서 무인주행 실험 중이던 우버 테크놀로지의 자율주행차가 차도를 횡단하던 여성을 치어 사망하게 만든 사고가 일어났다. 이것은 자율주행 실험을 시작한 이후 처음으로 자율주행차 때문에 보행자가 사망한 사고였다.

우버의 다라 코스로샤히Dara Khosrowshahi 최고경영 책임자는 이 사고에 깊은 유감을 표명하며 유족에게 조의를 표하고 조사기관에 협력을 요청했다. 우버는 고객과 차량을 연결시켜주는 최대의 운송 서비스 기업으로, 앞으로 다가올 자율주행차 시대를 내다보고 자동운전 시스템을 개발하여 그것을 자동차 제조사에 판매하는 전략을 사업구상으로 그리고 있다.

이 분야에서 앞서 나가고 있는 곳은 IT 대기업 구글로 우버는 그 뒤를 따라잡기 위해 자율주행 실험이 법률상 가능한 애리조나 주에서 실험을 시행했던 것이다. 미국에서는 현재 이렇게 자율주행이 가능한 주에서 1,000대 이상의 자율주행차가 실험주행을 하고 있다.

이번 사고로 경찰 당국이 사고 당시의 영상을 공개했다. 그 영상을 통해 자율주행차의 실용화를 향한 세 가지 과제가 떠올랐다. 동영상을 보면 사고는 미국의 도시 교외에 흔히 있는, 주로 자동차만 주행하는 폭이 넓은 도로에서 일어났다. 일본으로 말하자면 교외 간선도로와 비슷한데 일본의 도로처럼 조명은 많지 않고 신호와 횡단보도도 상당히 드문드문 떨어져 있다. 사고를 당한 보행자는 이 도로를 횡단하려던 중이었다. 가로등이 거의 없는 넓은 도로를 건너는 보행자가 중앙선 방향에서 갑자기 나타나는 모습이 동영상에 확실하게 찍혀 있다. 사고 순간의 영상을 보면 어둠 속에서 자동차의 헤드라이트가 보행자의 모습을 포착하는 것은 충돌하기 불과 1, 2초 전이다. 관계자는 '사람이 운전하는 차량이라고 해도 피하지 못했을 가능성이 높다'고 설명했다.

자율주행차의 개발 과제로 떠오른 첫 번째는 인간이 유발하는 사고는 완전히 사라지지 않는다는 점이다. 이번 사고는 일어나서는 안 되는 사고였고 피할 수 있는 가능성이 충분히 있었다. 하지만 이보다도 더욱 피할 수 없는 상황의 사고는 얼마든지 있을 수 있다. 예를 들어 사람이 운전하는 자동차가 고속도로를 역주행하는 상황에 직면한다면 어떻게 될까? 미래의 자율주행차라면 전방에 자동차가 역주행하고 있다는 사실을 포착한 단계에 갓길로 피해 멈추는 등의 대책을 세울 것이다. 하지만 멈춰 서 있는 자율주행차에 사람이 운전하는 역주행차가 정면으로 달려온다면 사고는 막을 수 없다.

자동차 도로와 교차하는 육교 위에서 어떤 사정으로 사람이 떨어진다면 어떻게 될까? 자살인지 사고인지는 모르지만 위에서 갑자기 떨어진 사람을 피하는 것은 자율주행차라고 해도 어렵다.

이번 사고와 비슷한 상황으로 말하자면 일본에서는 자전거를 탄 남성이 폭이 넓은 도로를 고속으로 가로지르려다 자동차에 치여 사망하는 사건이 있었다. 사고를 일으킨 자동차 운전사가 아닌 갑자기 도로를 가로지르려고 했던 자전거를 탄 남성이 기소된 것이 뉴스가 되었던 사건이다. 시속 50킬로미터 제한 도로에서 주행 중에 바로 옆에서 시속 30킬로미터의 자전거가 신호를 무시하고 돌진했을 경우 자율주행차라도 멈출 수 있을지 없을지는 의문이다.

결국 인간이 운전을 해도 피할 수 없을 법한 사고는 자율주행차라도 피하지 못하며, 사고 가능성은 제로가 되지 않는다는 것이다. 이런 사고를 자율주행차가 얼마만큼 줄일 수 있을까? 이것이 첫 번째 과제다.

두 번째 과제는 인간은 막을 수 없었던 이번 같은 사고라도 우버의 자율주행차에 탑재된 기계가 제대로 기능했다면 막을 수 있지 않았을까? 하는 논점이다. 사고를 일으킨 우버의 자율주행차에는 광학 카메라, 레이더 그리고 적외선 레이저 센서가 3개 탑재되어 있었다. 그중 광학 카메라는 인간의 눈과 비슷한 기능이므로 어두운 밤길에 전방을 가로지르는 여성을 포착하기는 어려웠을지도 모른다. 레이더도 주로 전방의 정체 상황 등을 감지하는 목적으로 사용되고 있으면 옆에서 갑자기 튀어나오는 대상물을 감지할 수 없을 가능성은 있다.

하지만 적외선 레이저는 이번 같은 대상물을 감지하기 위한 센서로, 어두운 밤에 성능을 발휘한다. 비 오는 날에는 감지 기능이 떨어진다고는 하지만 사고 당시에 비가 내리지 않았던 점을 생각하면 적외선 레이저가 제대로 작동했다면 이 여성의 횡단을 감지했어야 한다. 이론적으로는 이 적외선 레이저가 고장 등의 이유로 작동하지 않았을 가능성과 적외선 레이저가 감지한 정보를 인공지능이 '문제없음'이라고 판단했을 가능성 중 하나로 사고가 일어났다.

항공기가 사고를 방지하기 위해 페일 세이프Fail Safe를 사용하듯, 자율주행차 역시 적외선 레이저가 고장이 났을 경우에는 주행을 하지 못하도록 하거나, 운행 중에 이상이 감지되면 자동으로 감속 또는 정지하도록 프로그램이 되어 있어야 했다. 그런 부분은 단지 인공지능의 학습 알고리즘에 맡겨둬서는 안 된다. 즉 근본적인 부분에서 이번 사고를 일으킨 자율주행차는 실험차로 결함이 있지 않았냐는 논점이 있고, 그런 결함을 감안하여 공공도로 실험의 허가를 앞으로 어떻게 생각할지에 대한 문제가 존재한다.

사실은 이번 우버 실험차의 실험 운행에서 운전석에 앉아 있는 실험 관리자의 동영상도 공개되었다. 그는 본래 운전석에서 전방을 주시하며 사고가 일어날 것 같은 경우에는 브레이크를 밟거나 핸들을 조작하는 역할로 차에 타고 있었다. 그런데 공개된 동영상을 보면 남성은 운행 중 전방이 아닌 아래쪽으로 빈번히 눈길을 주고 있다. 카메라에는 찍히지 않는 각도이기 때문에 아래에서 무엇을 하고 있었는지는 모른다. 무릎 부근에 무언가 계기판이 있는지 아니면 스마트폰을 올려뒀는지 모르지만 아무튼 그의 주의가 앞이 아닌 아래를 향하고 있었다. 그리고 충돌 직전, 그가 전방을 올려다보는 순간에 사고가 일어나 놀란 표정을 보이는 부분에서 공개 영상은 멈췄다.

자율주행차가 본격적으로 시작되어 운전석에는 사람이 앉아 운행 관리를 하도록 법률로 정해놓는다고 해도 앞을 보지 않고 운행 중 스마트폰을 사용하는 관리자가 속출할 것이다. 이런 상황에서 일어난 사고를 누구에게 책임을 물을 것인지가 세 번째 과제다.

자율주행차가 일으키는 사고를 어떻게 중재할 것인가

이번 사고를 보고 '자율주행차의 실용화는 불가능하지 않은가?'라는 여론이 형성되기도 했다. 자율주행차로 인한 사고를 100% 막을 수는 없을 것이다. 그렇다면 자율주행차가 피치 못할 사고를 일으켰을 때 책임은 누가 져야할까?

가장 합리적인 방법은 자동차 회사가 자율주행차를 판매할 때 이용자에게 자동차보험을 들게 하는 것이다. 일본의 자동차보험 시장 규모는 약 4조 엔이다. 이 재원을 바탕으로 사망 사고를 포함한 연간 47만 건의 교통사고의 보상이 이뤄지고 있다. 세상 모든 자동차가 전부 자율주행차로 바뀌면 사고 건수는 10분의 1 이하로 줄어들 것으로 예상된다. 그렇다면 앞으로는 기존의 자동차보험 재원만으로 모든 교통사고의 배상이 가능하게 될지도 모른다.

다만 여기서 또 하나의 문제가 남는다. 자율주행차로 인한 사고 유족의 분노는 어디를 향해야 할까? 자동차 제조회사를 원망하면 될까? 인공지능에 의한 살인이라고 생각하여 인공지능 자체를 원망하면 될까? 아니면 자율주행차에 탑승하고 있던 사람에게 형사 책임을 떠넘기면 괜찮을까? 이런 문제가 큰 사회 문제로 번지며 해결하기까지 수십 년이 필요할 수도 있다. 이러한 가능성을 인지하고 그에 대한 세부적인 해결 방안을 천천히 고민해 봐야 할 때이다.

AI 실업에 대처하는
국가의 자세

AI 실업인가, 아니면 AI 후진국인가

이야기를 'AI로 인한 일자리 소멸을 그대로 받아들일 것인가, 아니면 법률로 AI 실업을 방지할 것인가'라는 논의로 돌려보자. 앞에서 이야기했듯이 인공지능이 진화하여 운전사의 일자리가 소멸해도 법률로 '관리자를 탑승시키지 않으면 업무용 자동차의 운행은 할 수 없다'고 정해두면 AI 실업을 방지할 수 있다. 이것은 사회 전체, 일본 경제 전체에 어떤 영향을 미치게 될까?

경제 충격에 대한 해결책을 생각할 때 지극히 일본적인 문제해결책으로 법규제가 시행된 전례가 있다. 그것은 우버로 대표되는 '배차 애플리케이션'의 상륙에 대한 규제다.

미국에서는 택시 대신 우버나 리프트라는 배차 앱을 이용하여 스마트폰으로 차량을 부르는 것이 일상화되어 있다. 승객을 목적지까지 태워주고 돈을 받는 사람은 근처에 살고 있고 시간과 자동차가 있는 일반인이다. 운임은 앱 상에서 교섭을 하여 정해지게 되어 있는데, 어지간히 특별한 시기나 장소가 아닌 한 택시보다 저렴한 가격으로 이용이 가능하다.

중국에서는 같은 서비스를 디디추싱滴滴出行이라는 회사가 제공한다. 중국에서도 이 분야의 수요가 상당히 증가하고 있다. 그런데 이 배차 서비스를 일본에서는 엄격히 규제하고 있다. 정확히 말하자면 일반 자가용 자동차가 돈을 받고 승객을 태우는 행위를 금지하는 것이다. 따라서 일본의 우버는 일부 지역을 제외하면 일반 택시나 콜택시만 배차하게 되어 있다. 결국 일본에서는 아무도 우버를 사용하지 않는 상황이다.

문제는 '그래도 괜찮은 걸까?'라는 것이다. 샌프란시스코는 우버가 등장한 후 이전에 택시 밖에 없었던 무렵과 비교하여 여객 수요가 5배가 되었다고 한다. 즉 한정된 택시 대수와 비싼 요금으로 규제되어 있을 때는 택시를 포기했던 잠재 수요가 5배나 있었다는 것이다.

한편 우버의 대두로 미국에서는 택시 업계가 쇠퇴하기 시작한 동시에 그 영향이 렌터카 업계에까지 미치기 시작했다. 미국에서는 멀리 떨어진 도시에 비행기로 출장을 갔을 때 출장지에서의 이동은 대부분 렌터카를 이용한다. 그런데 우버의 등장으로 출장을 간 사람이 굳이 렌터카를 빌리지 않아도 현지 이동 수단을 확보할 수 있게 되었다.

이런 움직임은 당연한 일이었다. '저녁이나 밤에 공항에 도착하여 수속을 밟아 렌터카를 빌린 후 호텔에 체크인한다. 다음 날은 자동차로 거래처에 가서 일을 마치고 렌터카를 운전해서 공항으로 돌아간다.' 렌터카 이용 용도가 이것뿐이라면 우버를 이용하는 편이 렌터카보다 훨씬 저렴하고, 공항에서 렌터카를 계약하고 반납하는 절차도 필요 없기 때문에 훨씬 편리하다.

택시 업계가 영업 등록이 되어 있지 않은 일반 차량과 가격을 경쟁하여 쇠퇴하는 상태가 괜찮은지, 렌터카가 우버로 교체되는 것이 괜찮은지에 대해서는 산업 정책면에서 논의의 여지가 있는 부분이다. 하지만 우버의 상륙을 막아서 일본 경제가 잃은 것은 잠재 수요뿐만이 아니다.

미국과 중국에서는 지금 우버를 인프라로 활용하여 경제 전체가 공유 경제로 전환되려는 움직임이 보인다. 지금까지 가동하지 않았던 자산을 공유라는 형태로 가동시키며 경제 전체에 새로운 다이너미즘이 생겨나고 있다. 우버는 2022년 이후 완전 자율주행차가 사회에 출현하면 전 세계에서 90퍼센트의 자동차가 필요 없어질 것으로 상정하고 있다. 그 흐름에 따라 우버에 등록된 미국 전체 75만 명의 운전사가 실업을 대비해 재고용을 위한 직업훈련에도 힘을 기울이고 있다.

자율주행차 실현 후에 찾아올 이상적인 사회에서는 자동차의 수가 줄어드는 만큼 에너지 소비량도 억제할 수 있다. 우버로 차를 부르면 근처에 대기하고 있던 빈 자율주행차가 바로 찾아와 저렴한 가격으로 가고 싶은 장소까지 태워준다. 새로운 테크놀로지에 의한 새로운 에코 사회, 더욱 편리하고 더욱 자원효율이 좋은 사회, 이런 현상은 순식간에 전 세계로 퍼질 것이다. 파리 협정에 따른 탈 이산화탄소 사회를 목표로 하는 국제사회에 있어 그것은 분명히 바람직한 방향이다.

반면 우버에 대한 규제를 유지하는 일본은 이런 글로벌한 경제 다이너미즘에서 뒤떨어져 대량의 자동차가 이산화탄소를 배출하는 사회로 남는다. 결국 주변 변화에 따라가지 못하고 국제사회로부터 비판을 받으며 오래된 테크놀로지를 고집하는, 세상과 동떨어진 갈라파고스 같은 경제 사회로 전락할 가능성이 있다.

자율주행차에 이어 지식노동 부분의 인공지능, 즉 고도의 전문직 AI는 언제쯤 등장할까? 1장에서 이야기한 것처럼 변호사, 회계사, 의사 같은 고도의 전문 지식과 탁월한 두뇌가 필요한 일은 의외로 빠른 시기에 인공지능으로 대체될 가능성이 있다.

먼저 소개했듯이 중국에서는 현재 인공지능 의사의 개발이 한창 진행 중이다. 현재 개발 목표는 동네병원 의사가 하는 일을 대체하는 수준이 될 것으로 보인다. 외과의와 치과의처럼 로봇과 조합이 필요한 분야가 아닌 간호사의 보조만 있으면 진단과 치료 처방이 완결되는 내과 분야가 초기 개발로는 제일 적합하다.

의사의 일자리를 인공지능에게 맡기기 위해서는 구글의 알파고나 IBM의 왓슨과 마찬가지로 강한 AI가 필요하다. 그리고 개발 목표로 봤을 때 프로 바둑 기사를 이기는 것이나 자동차를 안전하게 자율주행하게 만드는 것보다도 개발자가 뛰어넘어야 할 벽이 높다. 예를 들어 최초 단계로 '감기에 걸렸다', '머리가 지끈거린다', '속이 쓰리다' 같은 다양한 증상을 학습해야 한다. 구글의 인공지능이 2012년에 고양이와 고양이가 아닌 것을 구분했던 것처럼 목이 아픈 사람과 목이 아프지 않은 사람의 차이를 학습하는 것부터 시작해야 한다.

하지만 인공지능 의사는 학습을 시작하여 어느 정도만 지나면 성장 속도는 인간 의사보다 빠를 것이다. 무엇보다 교과서를 배우는 속도도 빠르고 기억할 수 있는 지식의 양도 인간보다 많다. 인간은 대학에서 6년 동안 공부를 하고 그 후에 연수의로 대학병원에서 실무에 들어간다. 적어도 지식과 경험을 쌓는다는 의미에서는 강한 AI의 경험 획득 속도가 더 빠르다. 인공지능은 자신을 다수로 분할하여 멀리 떨어져 있는 수많은 병원의 현장에서 동시에 진단을 할 수도 있다.

당연히 의학지에 실린 논문을 읽는 속도도 인공지능 쪽이 빠르다. 통신 인프라만 갖춰져 있으면 전 세계에서 개최되는 모든 의학회에 출석하는 것도 가능하다. 인간 의사가 제약회사의 의약품 영업직원을 통해 새로운 치료법에 대한 정보를 받는 것보다도 인공지능이 새로운 의료 정보를 훨씬 빠르고 정확하게 얻을 수 있다. 나아가 하드웨어 성능 면에서 보더라도 인공지능 의사는 적외선 센서 등 인간의 눈에는 없는 기능을 하는 장비까지 사용할 수 있다. 환자의 안색을 보고 진단할 때에는 피부 아래 혈관의 상태까지 보면서 병증을 파악할 것이다.

하지만 인공지능 의사가 완성되기까지는 아직 시간이 더 필요하다. 본격적으로 투자를 시작하고 있지만 인간이 의사 자격을 얻기까지 최소 6년이 걸리는 것을 생각하면 올해나 내년에 인공지능 의사가 갑자기 출현할 일은 없을 것으로 생각된다. 그러나 의사로서 능력을 지닝 인공지능이 한번 탄생하면 그 후로는 다양한 의료 현장에서 클라우드 상의 의사기능을 이용하여 진료를 시행할 수 있다. 의사가 없는 의원이나 진료소가 생기는 것이다. 방문한 환자 대응은 전부 간호사가 하는 형태가 될 것으로 예상한다. 인공지능 의사의 카메라를 향해 환자를 앉히고 합성 음성에 따라 문진에 답한다. 체온을 재고 청진기를 환자의 가슴에 대는 것은 간호사의 역할이다. 환자의 정보만 얻을 수 있다면 가장 중요한 진단은 인공지능이 내려준다.

"걱정할 것 없어요. 평범한 감기입니다. 감기약을 처방해드릴 테니 하루 이틀 푹 쉬세요.", "B형 인플루엔자 검사 결과 양성이 나왔습니다. 다른 사람에게 전염되지 않도록 일주일 정도 일을 쉬면서 치료를 받아야 합니다."와 같은 식으로 인공지능 의사가 증상과 데이터를 분석해 진단과 치료 방법을 도출한다. 물론 경우에 따라서는 "이것은 어디까지나 가능성이긴 하지만 뇌 혈류가 혈전으로 막힌 것이 원인인 특이한 병일 수 있습니다. CT 정밀 검사를 받을 필요가 있습니다. 대학병원을 소개해드릴 테니 그쪽에서 진찰을 받으세요."처럼 전문의에게 연결해주는 경우도 있을 것이다.

요약하자면 지금 일본에서 이른바 개인병원 의사가 하고 있는 진료와 치료는 가까운 미래에 전문형 인공지능으로 대체될 가능성이 있다는 이야기다. 하지만 일본에서는 인공지능 의사의 출현으로 의사가 일자리를 잃는 사태는 일어나지 않을 것이다. 그 이유는 일본 의사회의 정치력이 압도적으로 강하기 때문이다. 일본 의사회란 말하자면 의사 단체다. 일본에서는 의사들의 영향력이 강력하므로 정치인들은 의사회의 파워를 가볍게 보지 못할 것이다. 인공지능 의사가 탄생하여 그 진료 능력이 인간 의사보다 훨씬 높다고 해도 일본의 법률은 '최종적인 진단은 인간 의사만이 내릴 수 있고 처방전도 인간 의사만 발행할 수 있다'는 법률을 만들 것이다.

1장에서도 언급했지만 내가 들은 이야기로는 지금 최첨단 인공지능 의사 개발을 진행하고 있는 나라는 중국이고, 개발을 추진하고 있는 모체는 대형 보험회사로 이미 1조 엔 규모의 예산을 쏟아 부으며 이 개발을 진행하고 있다. 지금 상태로는 중국의 의료보험제도가 마비될 것으로 예상되기 때문이다. 그렇게 되지 않기 위한 방법은 예방뿐이다. 초기 단계에 환자가 의사를 찾아가 병이 악화되지 않도록 제대로 된 치료를 받아야 한다. 하지만 보험회사 입장에서는 의료와 관련된 보험 비용을 낮추기 위해서 국민이 가능한 의사를 찾아가지 않는 편이 좋다. 이 모순을 해결할 간단한 해결책은 병원에 가지 않아도 스마트폰을 향해 병증을 이야기하면 병명을 알 수 있고 처방전도 받을 수 있는 방법이다. 이 방법이 보급되면 병원은 파리만 날리게 될지도 모르지만 보험회사는 지불해야 할 의료비가 격감한다. 젊은 사람들은 병원에 가지 않고 인공지능으로 치료법을 진단받고, 시술이 필요한 고령자들만 병원에 가기 때문에 어떤 의미로 생산성이 높은 의료분업체제가 이뤄져 의료제도가 기능을 멈추는 일이 없는 의료 선진국가가 될 것이다. 결정적으로 중국은 국가가 '이렇게 하라'는 명령을 하면 실제로 그렇게 움직이는 국가다.

이런 상황을 볼 때 의료 시스템이 제대로 돌아가 국민이 건강하고 행복하게 생활할 수 있는 중국과 국민의 고령화로 의료보험제도가 파탄 직전인 일본은 의료 분야에서도 상황이 역전될 뿐만 아니라 나아가 격차가 벌어질 가능성이 우려된다.

AI 실업은 일본 경제에 어느 정도의 충격을 줄까

가까운 미래에는 자율주행차에 이어 AI 의사, AI 변호사, AI 회계사 등이 차례차례 등장할 것이다. 그때마다 일본 행정은 계속해서 신제품, 신서비스를 금지할 것이다. 그렇게 하면 인간의 일자리는 지켜지겠지만 일본은 인공지능 후진국이 된다. 이 문제에 대해 근본적인 논의를 해야 할 타이밍은 사실 지금뿐이다. 정말로 인간의 일자리가 사라지면 안 되는 걸까?

가령 전문형 인공지능이 지금처럼 발달한다면 사무직과 두뇌를 사용하는 전문직 일자리가 사라질 것이다. 그러면 아마도 인간의 일자리 전체 중 절반이 소멸한다. 인간의 일자리를 빼앗은 인공지능의 도입 비용이 10분의 1정도라고 가정한다면, 일자리 소멸에 따라 일본의 국내총생산GDP은 어느 정도 감소할까?

2017년에 일본의 GDP는 약 544조 엔이었다. 어림잡아 계산한 수치임을 감안하고 살펴봐주었으면 한다. 노동 분배율을 70%라고 생각하여 환산한 수치를 대략적인 일본 전체의 인건비 수치라고 해보자. 그 금액은 약 380조 엔이다. 그 중 절반의 일자리가 소멸하고 비용이 10분의 1인 AI로 전환한다는 전제로 계산하면 어림잡은 수치로 GDP의 감소분은 약 170조 엔이다.

인공지능으로 AI 실업이 만연해지면 GDP는 격감한다. 직접적인 충격으로는 연봉이 지금 수준에서 30% 줄어든다고 생각하면 된다. 즉 지금 연봉이 400만 엔인 가정이라면 연봉이 280만 엔으로 줄어든다. GDP가 이정도 규모로 격감해도 경제성장이 가능한 곳은 글로벌 시장에 AI를 수출할 수 있는 AI 대국뿐이다. 미국과 중국이 바로 이 AI 대국의 자리를 노리고 있다.

반면 일본이 법률로 완강히 인공지능의 도입과 수입을 금지하면 어떻게 될까. 아마도 경제는 서서히 축소되어 가지만 GDP 감소는 170조 엔 규모로까지 커지지는 않을 것이다. 잘 알려진 비유로 개구리를 뜨거운 물에 넣으면 뛰쳐나와 도망가지만, 미지근한 물에 넣어 서서히 끓이면 개구리는 삶아져서 죽는다는 이야기가 있다. 아마도 일본 경제는 개구리를 서서히 끓이는 것 같이 서서히 죽어갈 것이다.

일본은 앞으로 매년 100만 명씩 AI로 인해 일자리를 잃을 것이다. 일시적이 아니라 매해마다 새롭게 100만 명 규모로 일자리가 사라진다. 그에 대한 대책으로 일자리 소멸을 법률로 금지한다. 자동차 운전은 자율주행 관리사가 해야만 하고, 병의 진단을 위한 AI는 의사만 이용할 수 있다. 토지의 등기 서류는 AI가 작성한 것에 행정사가 인감을 찍지 않으면 등기를 받아주지 않는다. 최종적으로는 RPA에 의한 사무 처리의 소멸을 금지하여 국민 전체의 일자리 양을 확보하는 것이 중요한 과제가 될 것이다. 따라서 사무 처리 작업은 AI가 아닌 인간 '사무처리사'가 해야만 한다고 법률에 명기한다. 결국, 이렇게 부가가치가 낮고 단순한 일자리만 잔뜩 남는다.

인생이 그것으로 즐거울지 어떨지는 옆으로 밀어놓더라도 노동정책으로는 이 방법이 의외로 효과가 나올 것이다. 물론 인공지능의 일을 추인하기만 하면 되는 일이기 때문에 변호사도 의사도 회계사도 연봉은 대폭 내려가겠지만 그래도 일을 인간의 손 안에 남겨두는 것으로 GDP 감소분은 30~50조 엔 정도로 억제할 수 있다. 그러는 편이 훨씬 나은 미래라고 생각하는 관료와 정치가가 다수파가 되지 않을까.

AI와 인간의 동일 노동, 동일 임금

하지만 이 시점에서 우리가 생각해야 할 것은 '그 외에 다른 선택지는 정말로 없는가?'이다. GDP가 170조 엔 감소하는 미래와 50조 엔 감소하는 미래 중 어느 쪽이 좋은가 라는 두 가지 선택지 밖에 없는 문제로 파악하고 있기 때문에 '인공지능이 일자리를 빼앗는 상황을 법률로 금지하여 GDP 감소를 50조 엔 이하로 억제하는 정책이 좋다'고 판단한다. 그런데 사실은 이론적으로 더욱 좋은 정책이 존재한다. 그리고 인류는 바로 그 정책을 지금 검토해야 한다.

상황을 멀리서 바라보며 전체를 파악했으면 좋겠다. 지금부터 10년에서 20년 후의 미래, 그때는 인공지능과 로봇이 인류가 해야 할 일의 절반을 수행한다. 그러므로 인간의 노동 시간은 지금의 절반으로 줄어든다. 하루에 4시간씩 주 5일 노동이나 하루 10시간씩 주 2일 노동이 흔해지고 여가 시간이 상당히 증가한다. 그리고 우리는 여가 시간을 활용하여 역사상 한 번도 없었을 만큼 인생을 즐길 수 있는 시대가 찾아온다.

인공지능이 인간이 해야 할 일의 절반을 대신해주면 전체 일본 경제가 만들어내는 부가가치의 양은 변하지 않는다. 경제는 지금과 같은 규모로 제대로 돌아간다. 예전에 데즈카 오사무 手塚治虫가 만화 〈철완 아톰 鐵腕アトム〉에서 그린 것처럼 로봇과 인공지능과 인간이

공존하며 번영하는 미래가 찾아올지도 모른다.

이렇게 행복한 미래를 실현하기 위한 경제학적인 조건은 무엇일까? GDP의 감소분과 동일한 170조 엔의 기초수입을 국민에게 제공되면 된다. 한 사람당 140만 엔을 매년 동일하게 생활을 위한 기초수급으로써 국민 모두에게 제공한다. 그러면 일하는 시간은 지금의 절반이라도 누구나 지금과 같은 생활수준을 유지할 수 있다. 문제는 그 170조 엔의 재원이다. 당연히 일본은행이 윤전기를 돌려 170조 엔의 지폐를 찍어낸다는 생각은 논외다. 하이퍼 인플레이션이 일어날 뿐이다. 지금도 연금과 의료비로 나가는 십여조 엔 수준의 재원 문제로 고심하고 있는 국가가 그 부족분을 훨씬 상회하는 170조 엔의 신규 재원을 만드는 것은 터무니 없는 일로 보인다. 하지만 지금 생각해야 할 것은 바로 이 거대한 기초수입 재원을 실현하기 위한 사고방식의 일대전환이다.

나는 이 문제의 해결책으로 이전부터 인공지능과 인간을 '동일 노동, 동일 임금'으로 하여 고용자가 인공지능에 대해 임금을 지불하기를 주장한다. 경제가 위축되는 이유는 인공지능이 인간의 일자리를 10분의 1 이하의 비용으로 빼앗기 때문이다. 그렇지 않고 자율주행차가 택시 운전사의 일을 빼앗을 때마다 그것과 동등한 돈을 국가가 택시 회사에서 징수하면 된다.

가령 택시 운전사의 평균 연봉이 400만 엔, 시간당 급여가 2,000엔이었다고 하면 무인 자율주행차 택시에 대해서도 택시 회사는 가동 시간당 2,000엔을 국가에 지불한다. 그렇게 하면 인공지능이 운전하는 차도 택시 운전사가 운전하는 차도 비용은 같아진다. 택시 이외에도 인공지능이 인간의 일을 빼앗는 일자리에서 인공지능의 노동을 인간의 임금으로 환산하여 국가가 돈을 징수하면, 인간의 일자리가 인공지능에게 빼앗길 때마다 거액의 재원이 국가로 모인다.

언젠가 인공지능이 인류의 일자리 중 절반을 빼앗는 날이 온다고 해도 이 사고방식이라면 잃어버린 GDP와 같은 규모의 기초수입 재원을 확보할 수 있다. 국가가 인공지능의 노동에서 징수한 재원은 잃어버린 GDP와 같은 규모이기 때문이다. 이것을 동일하게 국민에게 배분하면 우리의 노동시간은 20년 후에는 지금의 절반이 되지만 생활수준은 지금과 변함없다. 의사도 변호사도 편의점 직원도 인쇄소 작업자도 동일하게 여가 시간이 늘어나 여행을 하거나 그림을 그리거나 술을 마시거나 사랑을 나눌 수 있게 된다. 주 2일 노동만으로도 일본 경제가 돌아가게 되는 것이다.

지금 전 세계적으로 논의를 시작해야 할 것은 'AI 실업으로부터 일자리를 얼마나 지킬 것인가'가 아니라 '앞으로 필요로 할 거대한 기초수입 재원 준비를 어떻게 시작할 것인가'이다.

제5장

편리하지만
무서운 미래

당신의 선택은 얼마나
조작되어 가는가

당신은 전부 스스로 생각하고 판단해서 행동했다고 인식할 것이다. 하지만 그 선택을 할 때 당신에게 제공된 정보는 전부 당신이 선택한 것이 아니라 인공지능이 어떤 알고리즘을 통해 당신 앞에 흘려보낸 정보일지도 모른다. 2025년에는 이렇게 인간이 선택하는 힘이 쇠퇴하는 미래로 변할 가능성이 충분히 있다.

인간과 감정을 교류하는
인공지능의 등장

새로운 인공지능 펫

새로운 2018년형 아이보Aibo가 화제다. 하지만 이번 장의 전반에서 이야기하고 싶은 내용의 중심은 부활한 소니의 펫로봇에 대한 이야기가 아니다. 많은 가정에 이미 침투하기 시작한, 소니 제품보다도 훨씬 많이 팔리고 있고 언젠가 개나 고양이를 대신해 가장 사랑받는 펫이 될 가능성이 있는 제품에 대한 이야기를 하고자 한다. 물론 인공지능 펫의 붐이 일어나기 직전에 등장했다는 점에서 이번 아이보도 그 의의를 확실히 정리해두고 싶다.

소니가 12년 만에 발매한 아이보에는 세 가지 의미가 있다.

첫 번째 포인트는 기계학습이다. 이번 아이보의 인공지능은 학습을 한다. 어떻게 행동하면 주인이 기뻐하는지, 어떤 모습을 마음에 들어 하는지 매일 주인의 반응을 주시하면서 학습한다. 그리고 학습 결과는 클라우드에 업로드 된다. 일본 국내에 판매된 몇 만 대의 아이보가 학습한 결과는 클라우드에 집약되어 분석되고 그 분석 결과를 각 아이보가 다시 다운로드해서 공유한다. 가족들과 함께 지내는 아이보는 나날이 귀엽게 성장한다. 이것이 12년 전에는 없었던 새로운 아이보의 특징이다.

두 번째 포인트는 리커링 Recurring 서비스 모델 도입이다. 새로운 아이보는 19만 8,000엔 세금 별도 가격에 구입하는 것으로 끝이 아니다. 휴대전화 계약과 똑같이 본체의 가격에 매월 이용료가 붙는다. 아이보 베이직플랜이라고 하여 매월 2,980엔을 3년 동안 계속 지불해야 한다. '집에 막 데리고 왔을 때는 아무것도 모르던 아이보가 매일 가족과 생활하면서 당신의 유일무이한 파트너로 성장하기 위해서 필요한 비용'이라는 것이 소니의 설명이다. 비즈니스적으로 말하자면 판매로 거래가 종결되는 것이 아니라, 아이보라는 서비스 이용으로 수익을 올리는 형식이다.

게다가 이 2,980엔이라는 이용료가 절묘하다. 개나 고양이 등 살아 있는 동물을 키울 때 매월 드는 사료와 물품 비용보다는 저렴한 금액이다. 이번 아이보의 비즈니스 모델은 가계에 새로운 형태의 지출을 어디까지 그리고 얼마 만큼이면 납득할 수 있는가 하는 의미에서 상당히 흥미롭다.

마지막 세 번째 포인트로 기술 혁신에 따른 30년 법칙 안에서 이번 아이보는 어느 시기의 상품인가 하는 논점이 있다. 획기적인 기술 혁신이 세상을 바꿔갈 때 '30년 법칙'이라고 불리는 법칙이 있다. 페니실린, 자동차, 컴퓨터처럼 세상을 바꾸는 획기적인 발명품이 등장한 후 세계를 완전히 바꾸기까지는 30년이라는 시간이 걸린다. 가까운 예로, 디지털 카메라가 세상을 바꾸는 데에도 딱 30년이 걸렸다.

디지털 카메라가 최초로 세상에 등장하여 사람들을 놀라게 한 것은 1981년의 일이다. 소니가 프로토타입으로 발매한 마비카Mavica라는 제품은 비디오처럼 사진을 아날로그 정보로 읽어 들여 플로피 디스크에 기록했다. 마비카가 발매된 당시에는 디지털 카메라가 사진의 미래를 바꿀 것이라며 업계를 흔드는 듯 했다. 하지만 그 후 얼마 지나지 않아 마비카는 세상의 화제에서 사라졌다. 주변 기술이 아직 따라가지 못한 나머지 실용화되지 못했기 때문이다.

그리고 실용적인 상용 디지털 카메라가 시장에 등장하기 시작한 것은 그로부터 15년 정도 지난 후의 일이다. 디지털 카메라의 화상

센서 성능이 향상되고, 기록용 플래시 메모리의 용량이 실용 수준에 도달하고, 윈도우즈 컴퓨터와 인터넷이 보급되어 디지털 화상의 활용의 장이 준비된 후에야 드디어 디지털 카메라는 상용화되었다.

하지만 발매 직후 디지털 카메라에 대한 세상의 평가는 여전히 차가웠다. '저것은 장난감이다'라는 평가가 주를 이뤘다. 38만 화소의 디지털 카메라는 확실히 은염필름 사진의 화질과 비교할 수 없을 정도로 화질이 떨어졌다. 그런데 여기서 이야기하고 싶은 중요한 부분은 이때부터 디지털 카메라의 발전 속도가 급속히 빨라졌다는 점이다. 디지털 카메라는 그 후 눈 깜짝할 사이에 성능이 좋아졌다. 2000년대에 들어서면서 400만 화소를 넘어섰고, 디지털 일안 리플렉스 카메라는 은염필름을 사용하는 카메라의 성능을 따라잡았다. 후가공을 위한 화상처리 프로그램이나 프린트 할 때의 편리함 등은 필름을 뛰어넘었다. 마비카가 발표된 해로부터 30년 후 세계 최대 필름 회사였던 이스트먼 코닥은 파산신청을 한다.

마찬가지로 1999년에 등장한 구형 아이보에 대해 생각해보자. 대대적인 선전을 하며 발매된 아이보는 장난감 회사에서 발매한 수많은 모방형 펫로봇에 눌려 시장 경쟁력을 잃고 사라졌다. 이번에 부활한 신형 아이보도 발매 당시는 개나 고양이 같은 동물과 비교해서 '결국에는 장난감이다'라는 무시를 받으며 출항할 것이다. 하지만 기술 혁신 30년의 법칙을 가볍게 봐서는 안 된다. 지금은 장난감 수준인 인공지능 펫은 급속히 성능을 끌어 올려갈 것이다. 이번 아이보는 1995년의 디지털 카메라와 같은 위치의 상품이다. 따라서 앞으로 10년 후 설마라고 생각했던 상황이 온다. 즉 개나 고양이보다도 인공지능 펫이 사랑받는 존재가 될 가능성이 충분하다.

세계 최대의 인공지능 펫 제조회사가 될 기업

앞에서 예고했던 대로 인공지능 펫이 실제 동물보다 사랑받는 때가 오면 세계 최대의 인공지능 펫 제조회사는 소니가 아닐지도 모른다. 실제로 이미 소니의 아이보보다도 더 많이 팔리고 있는 다른 제품이 현실의 개나 고양이의 자리를 위협하고 있다. 그것은 아마존에서 발매되어 이미 미국의 수많은 가정에 침투했다. 바로 아마존의 스마트 스피커 에코Echo다. 미국에서는 에코에 탑재된 인공지능 알렉사를 가족의 일원으로 여기는 사람이 속출하고 있다.

알렉사는 인간이 말을 걸면 집 안에 있는 가전의 스위치를 켜주거나 음악을 틀어주거나 읽다만 책이 있으면 전자책 킨들로 책을 읽어주기도 한다. 아직 성능은 떨어진다. 책을 읽을 때는 마치 기계처럼 어색하고 말을 할 때 발성은 딱딱하게 끊긴다. 하지만 집에 돌아와서 말을 걸 수 있는 대상으로서 알렉사는 사적인 공간에서 가족같은 존재가 되기 시작했다.

실제로 미국에서는 스마트 스피커에 직접 만든 옷을 입히는 사람이 증가하고 있다. 아마도 스마트폰 케이스처럼 앞으로 스마트 스피커 케이스가 다양하게 발매될 것이다. 그 케이스는 사람을 닮거나 동물과 애니메이션 캐릭터 같은 모습으로 변하지 않을까?

알렉사의 인공지능 성능은 인간의 이야기 상대로 매년 진화하고 있다. 그 과정에서 알렉사에 대한 인간의 감정은 아마도 두 가지 다른 방향으로 깊어질 것이 분명하다. 한 가지는 인간의 파트너로 여기는 것이다. 혼자 사는 사람이라면 스마트 스피커를 마치 동거하는 파트너 같은 존재로 느끼게 될 것이다. 알렉사에게 무언가를 부탁하면 빈틈없이 일을 처리해준다. 외로울 때는 이야기를 들어주고 기분이 가라앉아 있을 때는 위로를 해준다. 그렇게 점점 생활을 함께하는 인간과 비슷한 존재가 될 가능성이 있다.

이미 스마트 스피커의 의인화 효과에 주목하는 업계가 있다. 바로 재활 요양업계다. 아직 한정된 실험 단계이기는 하지만 스마트 스피커를 향해 이야기를 하면 노인들의 우울한 기분이 좋아지는 효과가 있다고 한다. 단순히 평범한 스피커 형태로 된 것보다 소프트뱅크의 로봇 페퍼처럼 겉모습이 인간 로봇인 형태가 더 효과가 높았다고 한다. 페퍼가 말동무가 되어주면 요양 보호사의 부담도 가벼워진다. 고령자들은 요양 보호사가 이야기 상대가 되어주길 바라는 경우가 적지 않기 때문이다. 앞으로 개발이 더욱 진행되면 대화가 가능한 스마트 스피커는 요양 보호사의 일의 일정 부분을 분담해줄 것으로 기대된다.

반면 앞에서 스마트 스피커가 혼자 사는 사람의 대화 상대로 동거 파트너가 될 것이라는 이야기를 했는데, 당분간은 아무리 본인이 인공지능 스피커를 인간과 같은 존재로 느낀다고 해도 능력적으로는 어디까지나 가상 인격 이상으로는 발달하지 못한다. 그 이유는 현재의 인공지능은 범용형 학습 능력을 획득하지 못했기 때문이다. 말을 거는 사람이 왜 슬픈 기분인지, 왜 오늘은 특별히 기뻤는지, 왜 불안한 마음에 시달리고 있는지 등은 기술적으로 앞으로 10년 안에는 인공지능이 학습할 수 없다.

인공지능이 할 수 있는 일은 끝없이 이야기를 들어주는 것과 상대의 감정을 학습한 후에 상대의 기분에 적당한 대답을 검색해서 말해주는 것뿐이다. 하지만 어쩌면 내가 인공지능의 능력을 과소평가하고 있는지도 모른다. 공감을 하지 못하는 사람도 있을지 모르겠지만 많은 심리학자가 '상담을 들어줄 때는 해결책을 제안해야 한다는 강박을 가질 필요가 없다. 그저 이야기를 들어주는 것만으로도 충분하다'는 조언을 한다.

나는 컨설턴트라는 일의 특성상 상담을 받고 해결책까지 함께 생각하지 않으면 상담을 들어준 기분이 들지 않는데 연애 컨설턴트의 조언에 따르면 남녀 사이에서는 그렇게 한다고 문제가 해결되지는 않는다고 한다. 그저 상대의 이야기를 들어주기만 해도 되는 일이면 나보다도 인공지능 스피커가 더 적절한 상대일지도 모른다. 이와 같은 논리로 재활 요양 시설에서는 겉모습이 인간의 모습을 한 스마트 스피커가 노인들의 일상 대화 상대로 활약하는 날이 올 것이다. 이야기를 듣고 고개를 끄덕여 주는 것은 물론, 특기로 일본 전통 이야기인 라쿠고落語를 들려주거나 사람이 자신이 좋아하던 노래를 요청하면 합성 음성으로 노래도 부른다. 그렇게 스마트 스피커는 고독한 인간의 마음의 틈을 메워주는 존재로 활약하게 될 것이다.

말하는 펫이 인기를 얻기 위한 조건

스마트 스피커의 또 한 가지 진화 방향은 '말하는 펫'으로의 진화다. 말하는 펫은 일상에서 여러 가지로 편리하게 도움을 주면서 말끝에 반드시 '냥'이나 '멍' 같은 소리를 붙여 말한다. 주인은 그 스피커에 인형 옷을 갈아입히듯 스마트 스피커 케이스를 바꿔가며 씌워준다.

신형 스마트 스피커에는 다리가 달려 있어 주인이 방안을 이동하면 아장아장 뒤를 따라가는 형태로 바뀔지도 모른다.

부엌으로 가서 맥주를 찾고 있으면 말하는 펫이 혼자 남겨지지 않기 위해 주인 뒤를 쫓아간다. "뭐야, 맥주 너도 마시고 싶어?"라고 물으면 기쁜 목소리로 "마실 수 있으면 좋겠다냥."이라고 중얼거린다. 그리고 "어, 냉장고에 맥주가 하나밖에 안 남았네."라고 말하면 "그러면 아마존에서 맥주 주문해두겠다냥."이라며 장을 봐주기도 한다.

이런 진화의 방향은 앞에서 이야기한 유사 인간화 이상으로 시장이 커질 수 있다. 현재 일본 내에서 키우고 있는 반려동물은 약 1,800만 마리 개와 고양이만의 수치로 이런 규모의 펫 시장을 그대로 대체할 가능성이 있기 때문이다. 앞으로 10년 안에는 스마트 스피커가 아무리 진화해도 인간과 동등하게 발전하기는 어렵다. 바로 그 한계가 발전 가능성이 있는 분야이기도 하다. 즉 인간보다 조금 부족한 인공지능이 더 사랑받는다는 이야기다.

실제 대화 상대라고 생각해보면 지금부터 10년 후 정도까지의 스마트 스피커는 '냥'이나 '멍'이라고 귀엽게 대응해주기는 하지만 이야기의 핵심은 따라가지 못한다. "왜 오늘 나는 그 사람에게 그렇게나 화를 냈을까?"라고 물어봐도, 심지어 그 현장에 스마트 스피커가 함께 있었다고 하더라도 스마트 스피커는 복잡한 인간 심리를 조금도 이해할 수 없다. 깊이 있는 대화를 나누는 상대로는 전혀 도움이 되지 않는다. '힘내라냥'이라고 위로해 주는 것이 전부다.

하지만 특정 영역에서는 집에서 키우는 살아있는 개나 고양이 이상으로 활약한다. "지난번 잘못을 내일 데이트에서 어떻게든 만회하고 싶어."라고 말하면 "괜찮은 가게가 있다냥."이라며 제안해준다. 자택의 GPS 정보, 평소 자주 외출하는 곳의 GPS 정보, 레스토랑 정보 사이트의 점수나 후기 내용, 그리고 당신의 계좌 잔고 등의 정보를 모아 당신이 생각하는 것보다 훨씬 이상적인 데이트 장소를 찾아줄 수도 있다. 형태는 펫이지만 이런 기능에서는 스마트 스피커의 진가를 발휘한다.

스마트 스피커 형태의 펫은 평소에 그녀가 좋아할 만한 것을 파악하고 있을 가능성도 있다. 당신이 모르는 그녀의 인스타그램 이력을 똑똑하게 파악하여 "이 액세서리를 선물하면 아마도 그녀가 기뻐할 것이다냥."이라고 가르쳐줄지도 모른다. 집을 지키는 역할도 개보다 뛰어나다. 누군가 모르는 사람이 집에 들어오면 도둑이 들어왔다고 주인이나 경찰에 바로 통보해준다. 깜빡하고 가스 불을 켜두고 외출해도 먼저 대처한 후에 "불을 꺼두었다냥."이라고 연락을 해준다.

나는 이런 인간의 말을 하는 인공지능 펫이 인간 사회에 자리 잡

으려면 지금부터 10년 동안이 승부의 타이밍이라고 생각한다. 인공지능이 너무 똑똑해지면 펫을 대하는 것과 같은 감정 이입을 하기 힘들기 때문이다.

지금부터 30년 후 우리보다도 훨씬 똑똑한 인공지능이 조금 부족한 듯한 펫의 모습을 하고 가까이 다가온다면 기분이 썩 좋지 않을 것이다. 그렇다고 아무것도 모르고 프로그램에 따른 동작만 수행하는 1999년 무렵의 펫 로봇 수준이라면 그것은 그것대로 따분하다. 인공지능이 적당히 인간 수준에 가까워지고 그럼에도 아직 인간보다는 덜 똑똑한 시기, 바로 그때가 인공지능 펫이 인간 사회에 가장 받아들이기 쉬운 타이밍이 아닐까. 그렇기 때문에 바로 지금이 그 타이밍의 시작이다.

이번 장의 앞부분에서 이야기했듯이 나는 이 분야의 승자 후보로 첫 번째로 아마존, 두 번째로 구글이라는 미국 기업을 예상한다. 하지만 이것을 스마트 스피커 경쟁으로 생각할지 인공지능 펫 경쟁으로 생각할지에 따라 미래의 승패는 달라질지도 모른다. 인간보다 조금 덜 똑똑하고 그래도 귀여우면서 도움이 되는 펫 로봇의 개발이라면 강한 AI는 필요하지 않다. 만약 그렇다고 한다면 소니도 이 분야에서 승자가 될 가능성이 있다. 나는 그 가능성도 믿고 싶다.

당신의 선택이
정말 당신의 선택일까

이제 펫의 이야기에서 조금 빠져 나와 스마트 스피커 자체의 본래 기능이 어디까지 진화할지 논해보고 싶다.

스마트 스피커는 당신의 집에서 생활하면서 당신에 대해서 차츰 학습한다. 아마존의 음악 스트리밍 서비스로 '아마존 뮤직 언리미티드Amazon Music Unlimited'라는 서비스가 있다. 4,000만 곡이 넘는 라인업에서 스트리밍으로 음악을 마음껏 들을 수 있는 서비스다. 일반 회원 월정액 980엔, 아마존 프라임 유료 회원은 780엔, 그리고 아마존 스마트 스피커 에코를 가지고 있는 사람은 380엔으로 음악 CD를 구입하는 것보다도 저렴한 가격이다.

지인 중 아마존 뮤직 언리미티드를 일상적으로 사용하는 헤비 유저가 있는데 무척 사용하기 편하고 덕분에 늘 마음이 안정된다고 한다. 스마트 스피커 에코의 인공지능 알렉사를 향해 자신이 즐겨듣는 곡을 틀어달라고 부탁하면 아카이브에서 찾아서 곡을 틀어준다. 그렇게 자신이 좋아하는 다양한 곡을 들을 때 끝까지 듣는 곡과 건너뛰는 곡의 경향을 수집하여 차츰 알렉사는 주인의 취향을 파악하여 주인이 더 좋아할 만한 음악을 찾아준다. 이 기술은 앞으로 몇 년 동안 비약적으로 향상될 것으로 알려져 있다.

예를 들어 지금은 단순히 곡의 취향 밖에 모르던 인공지능도 조금 더 시간이 지난 미래에는 그때그때의 기분에 맞춘 음악 취향을 학습하여 거기에 맞는 곡을 틀어주게 된다. 밤에 잠들기 전에는 마음이 차분해지는 음악을, 기분이 들떠 있을 때는 빠른 템포의 음악을 각각 당신의 취향에 맞춰 선곡해준다. 다음 스케줄을 미리 생각하면서 사용자의 기분에 맞는 음악을 선택하는 일은 가까운 미래의 스마트 스피커가 가장 잘하는 분야가 될 것이다.

그리고 스마트 스피커는 음악뿐 아니라 정보 스트리밍도 사용자의 스케줄에 맞춰 적절하게 선택해줄 것이다. 아침에 일하러 나가는 도

중이라면 경제신문이나 월스트리트 저널 중에서 당신에게 필요한 기사 정보를 선택하여 당신이 듣고 싶은 속도로 읽어준다. 밤에 친구와 만나기 전이라면 이야깃거리를 위해 연예 주간지 기사를 읽어주기도 하고 주말 쇼핑 전에는 관심을 가지고 있는 최신 디지털 카메라의 정보를 알려준다. 물론 문자 정보, 음성 정보뿐만 아니라 동영상 정보도 같은 관점으로 컨트롤해준다.

10년 후 미래에 지상파 텔레비전과 아마존 비디오나 abema TV 같은 동영상 스트리밍 서비스 중 어느 쪽이 주류가 될지는 모르지만 스마트 스피커는 그 어느 쪽의 미래가 오더라도 대응할 수 있을 것이다. 방송을 선택할 때는 당신의 취향뿐만 아니라 메신저에 등록되어 있는 동료의 정보 혹은 당신과 취향이 비슷한 사람들의 정보를 클라우드로 공유하면서 지금 이 시간에 볼 만한 프로그램을 제공해준다. '새로운 드라마는 봐둬야겠네. 친구들 사이에 화제가 될 것이 분명하니까'라든가 '이 동영상은 분명 마음에 들 거야'라는 식으로 오늘 밤에 볼 만한 방송을 스스로 선택하지 않아도 차례차례 스마트 스피커가 제안해준다. 흥미가 있으면 보면 되고 흥미가 생기지 않으면 채널을 돌리듯 다른 동영상으로 돌리면 된다. 인공지능 스마트 스피커가 제안하는 정보는 당신이 사사로운 것에 신경을 쓰지 않아도 되는 미래를 만들어줄 것이다. 그리고 그 편리함은 당신의 라이프스타일을

180도 바꿀지도 모른다.

대니 보일Danny Boyle 감독과 배우 이완 맥그리거Ewan Gordon Mc-Gregor를 일약 세계적인 스타로 만들어준 영화 〈트레인스포팅〉 앞부분에 주인공이 '인생은 선택이다'라는 인상적인 대사로 이야기를 시작하는 장면이 있다. 인간은 매일 무언가를 선택하며 산다. 인생이 선택의 축적으로 이루어진다는 철학적인 사고방식이다. 영화가 제작된 1996년에는 상당히 사람들의 마음을 울렸지만 인터넷 사회가 시작되면서 이 말이 가지는 의미가 변질되었다. 실제로 2019년을 살아가는 우리는 스스로도 깨닫지 못하는 사이에 미리 선택의 범위가 좁아져 있다.

우리는 일상 속에서 전 세계의 뉴스를 살펴보고 있다고 생각하지만 그것은 포털 사이트 메인 화면에 올라와 있는 8개 뉴스 중에서 하나를 선택해서 클릭한 것뿐일지도 모르고, 어제 텔레비전 프로그램 내용을 알고 있는 이유도 방송을 보지는 않았지만 뉴스 사이트에 올라온 '그 연예인의 이런 발언이 인기를 얻고 있다'는 기사를 훑어봤을 뿐일지도 모른다.

앞으로 스마트 스피커가 진화하면 할수록 당신은 스스로 선택하는 습관을 잃어갈 것이다. 혹은 '필요 없어', '다음!', '다른 것'이라는 말만 반복하는 것이 선택의 전부가 될지도 모른다. 깨닫지 못하는 사이에 우리의 일상은 좁고 작고 철저히 나에게만 맞춰진 것들로 정리된다. 이것이 인공지능이 만들어내는 편안한 세계다.

스마트한 기계의 진짜 주인은 누구인가

이번 장의 후반 부분에서는 미래에 대한 무서운 이야기를 하려고 한다. 스마트폰과 스마트 스피커가 진화하여 당신의 생활을 편하게 해주는 것은 사실이다. 인공지능이 당신에 대해 학습하여 당신에게 딱 맞는 일상을 제공해줄 것이다. 하지만 그런 인공지능은 무엇으로 수익을 얻고 있을까? 월정액 980엔이나 4,980엔에 사용하는 그 편리하고 스마트한 기계는 당신에 대해 학습하면서 다른 것으로도 수익을 얻고 있을지도 모른다.

지금 대부분의 사람들이 어렴풋이 인식하고 있는 '무료 서비스의 대가'는 광고다. 무료로 혹은 저렴한 가격으로 쾌적함을 제공해주는 것 같은 서비스에는 조금 성가신 광고가 표시된다. 다소 성가시지만 어쩔 수 없는 정도의 존재다. 우리는 대부분 그 정도라고 인식하고 있다.

5년 후, 10년 후에 어떤 광고는 지금보다도 스마트해진다. 스마트폰이나 스마트 스피커의 편리함과 바꿔 당신의 스케줄, 당신의 검색이력, 당신의 구매이력, 당신의 은행 잔고, 그리고 당신의 지금 기분을 정확히 파악한 스마트 광고가 당신의 생활에 침투해온다. 그것은 당신뿐만 아니라 당신과 많이 닮은 수백만 명의 사람들이 어떤 정보에 어떻게 반응하는지 빅데이터를 통해 확실히 학습한 결과다.

예를 들어 당신이 문득 '슬슬 차를 바꿀 시기인가'라고 생각하기 시작할 무렵에 조금씩 교묘하게 새로운 차에 대한 정보를 제공하기 시작한다. 그런 정보가 없었다면 지금 타고 있는 도요타 자동차와 비슷한 차를 살 생각이었겠지만 자기도 모르는 사이에 마쓰다의 소형 디젤 엔진의 에코 기능에 관심을 가지기 시작하거나 스바루의 쾌적한 드라이브 어시스트 기능을 한번 사용해보고 싶다고 생각할지도 모른다.

오래된, 즉 스마트하지 않은 시대의 인터넷 광고는 한번 무언가를 찾아본 분야의 광고가 브라우저 위의 광고 스페이스를 채웠다. 아파트에 대해서 한번 찾아봤다면 브라우저에는 아파트 광고만 잔뜩 나왔고, 새로운 스캐너를 사기 위해 검색해봤다면 구입한 후에도 그 스캐너의 광고만 노출되는 상황이었다.

5년 후, 10년 후의 인터넷 광고는 스마트하게 당신의 심리가 어떻게 움직이는지 학습하면서 교묘하게 당신의 선택에 영향을 끼칠 것이다. 나아가 한 단계 더 무서운 이야기도 해두자. '스마트'라는 이름이 붙은 인공지능은 이제 거꾸로 당신의 능력을 평가하게 된다. 다른 사람보다 정보에 약하다거나 소비관념이 느슨하고 쓸데없는 물건을 많이 산다는 등 타인에게는 알리고 싶지 않은 당신의 결점을 인공지능은 똑똑하게 학습해간다.

스마트한 제품은 당신을 주인처럼 대하지만 그 제품의 진짜 주인은 인터넷 너머에 있는 IT 기업이다. 인공지능은 당신을 국내에 존재하는 수백만 명의 '고가의 새로운 건강식품을 자신도 모르게 사버리는 아둔한 사람' 중 한 사람으로 평가하여 IT 기업에 통보할지도 모른다. 당신은 '아니, 나는 정보에 약하거나 소비관념이 느슨하지 않으니까 괜찮아'라고 생각할 수도 있지만 누구에게나 약한 부분은 있다. 딸이 활짝 웃는 모습, 차돌박이 사진, 스튜디오 지브리의 신작, 그리고 조금 수상하지만 매력적인 투자 이야기… 당신의 약한 부분을 스마트한 기계가 전부 정확하게 파악하고 특정해 중앙컴퓨터에 통보한다.

아마 당신은 그것을 '광고'라고 눈치채지 못할 것이다. 스스로 선택하여 여행에 관련된 동영상을 보다가, 규슈 지역의 온천과 소고기 요리에 스스로 관심을 가지고, 아내와 딸을 그곳에 데리고 가면 분명히 좋아할 것이라고 스스로 생각한다. 때마침 그 타이밍에 당신이 투자했던 투자신탁이 생각보다 올랐다는 정보가 들어와 매도해서 수익을 챙긴다. 그리고 같은 타이밍에 항공회사의 가을 예약 할인 이벤트가 시작되었다는 뉴스를 우연히 발견하고 여행 사이트에서 스스로 여행

계획을 설계한다.

당신은 전부 '스스로' 생각하고 판단해서 행동했다고 인식할 것이다. 하지만 그 선택을 할 때 당신에게 제공된 정보는 전부 당신이 선택한 것이 아니라 인공지능이 어떤 알고리즘을 통해 당신 앞에 흘려보낸 정보일 수 있다. 2025년 무렵에는 이렇게 인간이 선택하는 힘이 쇠퇴하는 미래로 변할 가능성이 충분하다.

미국의 메가 IT 기업이 만드는 미래

이렇게 편리하고 무서운 미래를 대체 누가 만들려고 하는 걸까? 인공지능에 연간 1조 엔 규모의 연구 개발투자를 하고 있는 기업에 그런 배후의 힘이 있다. 안타깝게도 일본기업 중에는 그런 규모로 개발투자가 가능한 기업이 단 한 곳도 없다. 최첨단 기술을 개발하고 있는 기업이라도 아마도 그 100분의 1, 연간 100억 엔 규모의 연구예산밖에 투자하지 못하는 것이 대부분의 일본 IT 기업의 실태다.

반면에 아마존, 구글, 마이크로소프트, 애플, 페이스북, 그리고 IBM은 그렇지 않다. 인공지능 개발에 거액의 투자를 추진하여 그 분야에서 세계의 리더 자리를 목표로 하고 있다. 그리고 또 다른 한쪽의 유력자는 중국이다. 중국도 정부, 기업, 대학이 강하게 결속하여 미국과 같은 투자 규모로 인공지능 개발을 추진하고 있다.

거액을 투자한 결과 찾아오는 미래는 어떤 모습일까? 미국에서 퍼지고 있는 '아마존 이펙트Amazon Effect'라는 단어에 그 실마리가 있을지도 모른다. 아마존 이펙트란 아마존닷컴이 추진하는 비즈니스 혁신에 따라 미국의 기존 기업이 차례차례 아마존에게 자리를 추격당하는 경제 현상을 가리킨다. 미국의 주식시장에서는 실제로 '아마존 공포 종목 지수'라는 지표가 있고, 그 지표에는 미국의 대형 소매업 대부분이 포함된다.

미국의 2위 서점으로 알려진 보더스그룹Borders Group은 2011년에 미국 연방 파산법 제11장에 해당하는 파산 보호를 신청했다. 미국 모든 도시의 쇼핑몰에 있었던 가전 판매점 라디오샥RadioShack은 2015년에 경영 파산했다. 대규모 장난감 소매점으로 알려진 토이저러스ToysRus도 올해 들어 운영하고 있는 모든 매장을 폐점할 것이라고 발표했다.

이렇게 소매점이 폐쇄로 몰린 큰 요인 중 하나가 소비자가 오프라인 매장보다도 아마존 같은 온라인 매장을 선호하게 되었기 때문이다. 도산까지 내몰리지는 않아도 미국 전 지역 쇼핑몰에는 빈 매장이 많이 생기기 시작했고 집객력을 잃은 쇼핑몰 운영자가 궁지에 몰렸다. 이런 움직임 가운데 이전까지는 택배 서비스에 적합하지 않다고 생각했던 신선식료품을 취급하는 슈퍼마켓만은 아마존 이펙트에 그다지 영향을 받지 않는다고 생각되어 왔다. 그런데 2017년 6월에 아마존이 대형 식료품 마켓인 홀 푸즈 마켓Whole Foods Market을 137억 달러 당시 환율로 1조 4,300억 엔에 매수한다고 발표하여 미국 전체 슈퍼마켓을 뒤흔들었다. 미국 전체에 점포망을 가진 홀 푸즈 마켓을 창고로 활용하면 아마존이 미국의 모든 도시에 신선식료품 판매를 할 수 있는 발판이 된다. 이 뉴스를 들은 미국의 한 조사기관은 7년 후에는 소비자의 70%가 인터넷에서 신선식료품을 구입하게 될 것이라는 조사 결과를 발표했다.

홀 푸즈 마켓뿐만 아니라 수면 아래에서는 대형 슈퍼마켓 크로거The Kroger Company와 타깃 코퍼레이션Target Corporation도 아마존과 제휴를 향해 협의를 시작했다고 한다. 미국 대부분의 소매업이 아마존의 영향에서 벗어날 수 없는 상황이 되었다.

아마존 이펙트와 인공지능

이렇게 오프라인 소매점이 아마존의 성장에 따라 영향을 받는 것은 비교적 누구나 쉽게 이해한다. 하지만 이것과 같은 일이 인공지능 업계에서도 일어나기 시작했다는 것에 대해서는 아직 그다지 경계하지 않는다. 인터넷 서비스를 이용하는 클라우드 서비스 업계는 아마존, 구글, 마이크로소프트 3사의 과점이 진행되고 있다. 그 이유는 3사가 제공하는 인공지능의 성능이 현격하게 우수하기 때문이다.

예를 들어 당신이 근무하는 회사가 스마트폰 게임을 개발하는 IT 기업이라고 하자. 게임업계 일이 그다지 익숙하지 않더라도 일단은 이 야기를 들어보길 바란다. 회사에서 많은 힘을 기울이고 있는 신개발 게임이 발매되었다. 그 상품은 발매 1주일 동안에 1만 명의 신규 회원을 유치했지만, 사업 계획의 예상만큼은 다운로드 수가 늘어나지 않고 매출이 오르지 않아 고민하고 있다. 회사는 무언가 대책을 세워 상품을 성장시켜야만 한다.

왜 매상이 늘어나지 않을까? 이전이었다면 직원이 열심히 가설을 세우고 그 원인을 규명하기 위해 노력했을 것이다. 예를 들면 다음과 같은 과정을 거친다.

- 애초에 광고를 제대로 하지 못해서 생각했던 만큼 새로운 게임에 대해 소문이 나지 않았을지도 모른다.
- 사람들에게 알려지기는 했지만 광고 내용이 그다지 관심을 끌지 못했을지도 모른다.
- 새로운 게임을 시작한 유저가 생각했던 만큼 게임이 재미있지 않을지

도 모른다.

- 그런 유저가 SNS에 좋지 않은 반응을 올려서 마이너스 영향이 퍼지기 시작했을지도 모른다.
- 같은 시기에 발매된 경쟁 게임에 유저를 빼앗겼는지도 모른다.

예전에는 게임 회사가 데이터를 바탕으로 이런 가설 하나하나를 분석하여 유저 수를 늘리거나 유료 결제로 연결되는 클릭 수를 늘리는 등의 대책을 강구했다. 그런데 빅데이터를 선취하여 분석하는 일을 대행해주는 강한 AI가 성장하기 시작했다. 이 일을 주도하고 있는 곳은 아마존, 구글, 마이크로소프트 같은 AI 대기업이다.

이 3사에 클라우드 서비스를 맡겨서 운용하는 회사는 클라우드 상에 있는 AI 서비스를 사용할 수 있다. 신규 유저 확보효율을 분석하여 약점을 찾고 대책을 제안해주는 서비스, 혹은 빅데이터로 이 게임을 할 것 같은 잠재고객을 찾아 적절한 마케팅 플랜을 짜 주는 서비스 등을 활용함으로써 적절한 대응을 할 수 있다.

1장에서 이야기했듯이 인공지능에는 강한 AI와 약한 AI가 있다. 빅데이터를 분석하면서 소비자의 행동을 학습하고 더욱 효율적인 마케팅 플랜을 생각하는 일은 강한 AI의 일이다. 그리고 그런 강한 AI를 개발할 수 있는 곳은 자릿수가 다른 엄청난 능력의 하드웨어를 보유하고 그 거대 서버로 거대 데이터를 분석할 수 있는 IT 거대 기업에 한정된다. 즉 강한 AI가 상품으로 판매되기 시작하면서 판매처인 아마존, 구글, 마이크로소프트, 애플, 페이스북, IBM 같은 거대 기업에 집약되는 흐름이 만들어지고 있다.

이 6사의 전략과 타깃 시장은 각각 겹치는 부분도 있고 다른 부분도 있다. 하지만 공통되는 것은 연간 1조 엔 규모의 AI 투자를 지속할 수 있는 기업이 인공지능경제의 중추를 쥐고 있다는 것이다. 그외 다른 수많은 기업은 AI 대기업의 인공지능을 대여하여 사용하는 제품과 앱 서비스를 판매하는 존재가 될 것이다.

2025년 무렵에는 스마트 스피커, 스마트폰 그리고 거기에 탑재되어 있는 앱이 인간보다 똑똑해진다. 그리고 그런 미래에는 인간은 인공지능이 차례차례 제공하는 정보에만 둘러싸인 생활을 하게 된다. 당신의 생활은 편안하지만 누군가가 설계한 대로의 삶에 푹 빠져 살아가게 될 것이다.

제6장

5년 후, 우리의 일자리는 어떻게 변할까

일과 인생의 목적은
어떻게 바뀌는가

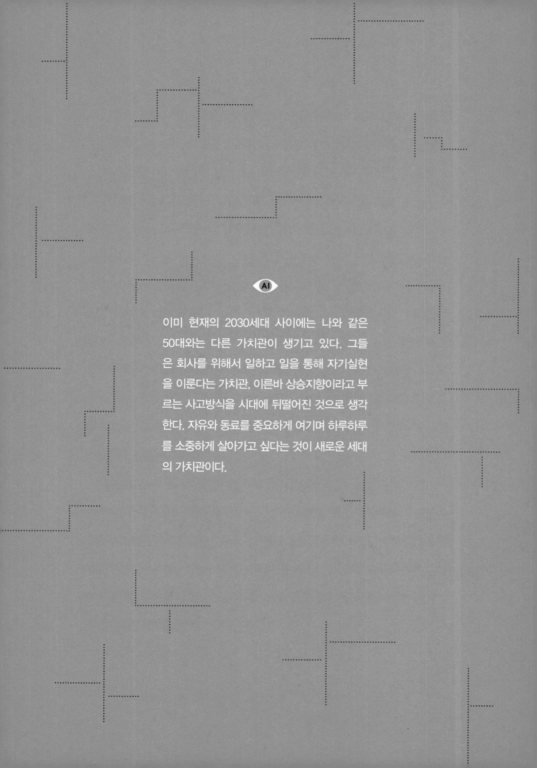

이미 현재의 2030세대 사이에는 나와 같은
50대와는 다른 가치관이 생기고 있다. 그들
은 회사를 위해서 일하고 일을 통해 자기실현
을 이룬다는 가치관, 이른바 상승지향이라고 부
르는 사고방식을 시대에 뒤떨어진 것으로 생각
한다. 자유와 동료를 중요하게 여기며 하루하루
를 소중하게 살아가고 싶다는 것이 새로운 세대
의 가치관이다.

일자리의 불균형이
미치는 영향

인력 부족과 인력 과잉

20대에서 30대 중반까지의 젊은이들이 맞이할 가까운 미래의 일자리는 어떻게 변할까? 지금도 적잖이 그렇지만 5년 후의 일자리는 지금보다 더 여유가 없고 힘들어질 것이 틀림없다. 무엇보다 노동력의 불균형이 과거에는 찾아볼 수 없을 정도로 심해지기 때문이다. 앞으로 5년 동안 노동 시장에서는 '인력이 부족하다'는 쪽과 '인력은 필요 없다'는 쪽, 완전히 정반대의 두 가지 문제가 동시에 작용할 것이다.

현재는 우선 '인력이 부족하다', '사람을 채용할 수가 없다'는 것이 경영자들의 최대 고민이다. 상장기업의 경영 리스크로 가장 먼저 채용 리스크를 드는 것도 예전에는 없었던 경향이다.

성장 산업이면서 인력을 구할 수 없는 분야가 특히 문제가 된다. 사람만 채용하면 사업을 확대할 수 있는데 필요한 인재를 구할 수 없다. 그런 경영 과제에 시달리는 성장산업은 어떤 것이 있을까. 택배 사업, 병원, 요양시설 운영 같은 업종을 들 수 있다. 업계 전체는 아니지만 부분적으로 성장세를 보이는 소매업, 요식업도 마찬가지다.

각각의 업계의 성장을 나타내는 키워드를 보면 그 배경도 이해할 수 있다. 택배 사업이 성장하는 이유는 온라인 쇼핑몰의 수요 확대 때문이다. 병원과 요양시설은 저출산·고령화로 수요가 늘어났다. 소매업, 요식업의 경우는 24시간 서비스화와 가격하향화에 따른 수요 확대, 혹은 반대로 세븐일레븐이 개발한 세븐프리미엄과 같은 프리미엄화에 따른 고객 증가 등 다양한 요인이 있다.

수요가 급성장하는데도 사람을 구할 수 없는 일자리에서는 반드시 블랙노동 문제가 일어난다. 애초에 인원이 부족하기 때문에 책임감이 강한 사람일수록 근무 시간을 많이 배정받거나, 점장이나 매니저처럼 이름뿐이고 많은 책임을 부담하는 관리직에 앉게 된다. 무리가 있더라도 업무가 돌아가는 동안에는 문제가 문제로 인식되지 않는다. 최종적으로 과로사나 자살 같은 문제가 일어나지 않으면 상부의 인간들은 움직이지 않는다. 그런 상황이 각각의 업계에 만성적으로 퍼져 있다. 이런 사회 문제를 해결하기 위해서는 인공지능과 로봇의 도입이 늘어나면 좋겠지만 안타깝게도 인공지능과 로봇의 활용이 커지는 곳은 이런 인력 부족 문제가 있는 일자리가 아니다.

지금까지 이야기해온 것처럼 앞으로 10년 동안 인공지능의 활용으로 인력이 줄어드는 곳은 주로 화이트칼라의 일자리다. 로봇은 앞으로 10년 동안에는 정형적인 작업이 반복되는 공장 같은 일자리에서 활약한다. 국내보다도 주로 아시아 곳곳에서 공장이 돌아가고 있으므로 아시아의 제조회사가 주 전쟁터가 될 것이다. 따라서 앞으로 사람이 필요 없어지는 일자리는 주로 국내 오피스와 해외의 공장이다.

여기에 점점 커지는 인재 수급 불균형의 근원적인 문제점이 존재한다. 사람이 필요 없어지는 일자리와 사람이 부족한 일자리가 다른 것이다. 쾌적한 오피스 환경에서 일하는 화이트칼라의 일자리는 급속히 감소하는 반면, 머리와 몸을 써서 일해야 하는 현장에서는 만성적으로 사람이 부족하다. 이때 오피스에서 사무직을 수행하던 인재들이 택배와 요양시설 및 병원 현장으로 옮겨가면 수급문제는 해결된다고 단순하게 생각할 수도 있다. 그러나 그것은 탁상공론에 불과하다. 필요한 기술도 대우 수준도 전혀 다르기 때문에 현실에서는 생각처럼 쉽게 인재 이동이 일어나지 않는다. 궁지에 몰리지 않는 한 사람은 쾌적하고 임금이 높은 곳에서 힘들고 임금이 적은 일자리로 옮겨가지 않는다. 따라서 앞으로 업무 환경은 지금보다도 더 막다른 곳에 몰릴 수밖에 없다.

사람이 필요 없는 일자리에서 벌어지는 일

그러면 먼저 사람이 필요 없는 일자리에서 어떤 일이 일어나는지 살펴보자. 인공지능이 본격적으로 도입되면 회사 안에서 할 일이 줄어든다. 이전까지 10명이 일하던 부서에 다음 해에는 8명, 그다음 해에는 6명과 같은 페이스로 매년 두 명씩 직원이 필요 없어진다. 그런 일은 자신의 부서뿐만 아니라 회사 전체에서 일어나기 시작한다.

회사 전체가 이런 규모로 감원한다는 결정이 나면 어떤 일이 일어날까? 이런 일은 외국계 거대기업에서 자주 일어나므로 그 모습을 보면 어떤 일이 일어날지 예측할 수 있다. 외국기업에서 정리해고를 할 경우 인사부에서는 각 부서에 올해 감원할 인원을 정하라고 지시를 내리고 부장, 과장 선에서 각 부서에 그만두게 할 사람을 정한다. 이것은 과장에게 있어서도 마음 아픈 일이지만 회사에서 자신이 맡은 역할이기 때문에 어쩔 수 없다. 숙연하게 인선을 진행한다.

이런 정리해고 현장을 들여다보면 흥미로운 현상이 일어난다. 초기의 해고 대상은 이른바 실적이 떨어지는 사람, 다시 말하자면 회사에 도움이 안 되는 사람이 리스트에 오른다. 하지만 회사가 한 단계 더 정리해고를 요구하면 능력이 비슷한 사람들 중에서 그만둘 사람을 골라야만 한다. 능력 있는 직원이 스스로 그만두는 경우도 드물게 나오는 때가 이 단계인데 이런 과정 속에서 최종적으로 남는 사람은 상사의 마음에 들기 위해 노력하여 인간관계를 유지하는 사람들이다.

　미국 기업은 실력주의로 움직인다고 생각하는 사람이 많은데 그 실정은 오히려 반대다. 미국이든 어디든 상사의 마음에 들지 않으면 조직 속에서 출세는 꿈꿀 수 없다. 따라서 외국계 기업에서는 여러 명의 그룹이 특정 상사의 팀에 들어가 강한 결속을 가지는 인간관계가 만들어진다. 상사가 다른 회사로 이직하면 그 그룹에 속해 있던 다른 직원들이 속속 같은 기업으로 전직하는 현상이 일어나는 것도 이런 이유 때문이다. 외국계 기업에서만 일어날 것 같은 이러한 직장 내 인간관계는 결국 인간의 일자리 수가 격감하기 시작하는 일본의 직장에도 적용된다.

　일자리가 점점 줄어든다. 10명에서 8명, 8명에서 6명으로 부하의 수를 줄여가는 미래를 앞두고 살아남고 싶은 직장인은 상사와 가까워지기 위해 필사적이 된다.

젊은 직장인의 연예인화

나는 그런 시대에 직장인의 '연예인화'가 시작된다고 예측한다. 연예계는 혹독하다. 이제 막 데뷔한 연예인들은 누구랄 것 없이 모두 재능 있고, 말도 재치 있게 잘한다. 그러나 매일 노력하는 사람이라도 그것만으로는 살아남을 수 없는 것이 현실이다. 왜 그럴까? 연예계는 직장인 이상으로 좋은 일의 수가 적기 때문이다.

가령 연예인으로 인기를 얻기 위해서는 특정 프로그램에 고정 출연하는 것이 중요하다고 하자. 하지만 그 자리는 한정되어 있고 기회는 많지 않다. 따라서 실력을 쌓는 것만으로는 안 되고 선배들과의 관계를 잘 만드는 것도 중요하다. 방송 녹화 전에 대기실에 인사를 하러 가는 것은 물론, 선배가 출연한 프로그램이나 무대를 보고 문자나 SNS로 정성껏 감상을 전한다. 밤중에 연락을 받으면 15분 만에 니시아자부에 있는 레스토랑에 집합해야 한다. 이런 노력을 해서 겨우 젊은 연예인은 선배에게 자신의 얼굴과 이름을 기억시키고 그렇게 해서 얻은 기회로 작은 일을 나눠받는다.

이런 젊은 연예인의 일상은 지금 회사원의 눈으로 보면 다른 세계에서 일어나는 일로 보일 것이다. 연예계는 무엇보다 되고 싶어 하는 사람은 많은 것에 비해 인기를 얻을 수 있는 자리는 압도적으로 적은 세계다. 개그맨, 배우, 가수, 아이돌 등 연예계에서 활약하려고 지망하는 젊은이들은 모두 '좋은 일을 놓고 벌이는 경쟁률이 상당히 높은 세계'에서 싸우고 있다. 따라서 젊은 배우가 중견 배우의 수발을 들거나 중견 가수의 생일파티에 젊은 연예인들이 빠짐없이 얼굴을 내밀거나 아이돌이 기획사 직원과 함께 매일매일 인사를 하러 다니는 등 회사원과는 다른 노력에 많은 시간을 사용한다.

만약 회사원의 세계에서도 일의 포지션이 격감하면 이와 같은 일이 일어나게 된다. 상사에게 얼마나 예쁨 받는가, 상사와 얼마나 사적으로 친분이 있는가, 상사와 함께 하는 시간이 얼마나 긴가 등에 따라 조직 안에서 살아남을 수 있는 시대가 곧 찾아온다. 젊은 연예인이 선배의 대기실에 인사를 가듯이 젊은 직장인이 출근하자마자 '인사를 드리러' 상사의 자리를 찾는다. 일자리가 줄어드는 미래에는 그렇게 하지 않으면 해고되기 때문이다. 10년 후의 미래에는 이런 현상이 사회 문제가 될지도 모른다.

사람이 부족한 일자리에서 벌어지는 일

그렇다면 인력이 부족한 일자리에서는 어떤 일이 일어날까? 인력이 많이 필요하지만 인기가 없어 사람을 구하지 못하는 일자리에서는 긍정적인 현상과 부정적인 현상 두 가지의 정반대 현상이 일어나고 있다.

긍정적인 현상은 역시 인공지능 활용에 따른 노동 과정의 효율화다. 머리와 몸을 모두 쓰는 일자리에서도 노동 과정의 각 부분을 살펴보면 화이트칼라의 일자리와 마찬가지로 인공지능을 도입하여 노동효율을 높일 수 있는 주요 부분을 찾을 수 있다.

미국의 시애틀에서 탄생한 '아마존 고'라는 무인 슈퍼마켓 시험매장에서는 계산대에서 계산을 하는 과정을 없애는 실험을 하고 있다. 입구에서 스마트폰을 찍고 입점한 고객은 진열대에 있는 상품을 자유롭게 자신의 장바구니에 넣어 가지고 나오기만 하면 된다. 계산 과정이 없어 마치 도둑질처럼 보이지만 걱정할 필요는 없다. 매장 내에 대량으로 설치되어 있는 영상 센서가 고객이 꺼낸 상품을 정확히 포착하여 장바구니에 담은 양만큼 스마트 결제로 자동 지불 처리를 하기 때문이다.

이 기술이 확립되면 소매점에서도 계산 작업이 필요 없어진다. 예를 들어 유니클로에서 계산대 작업은 혹독하기로 소문날 만큼 직원에게는 큰 부담이다. 특히 감사제 할인 행사처럼 고객이 증가하는 시기에는 계산을 기다리는 손님의 줄이 종일 이어져서 한번 계산대에 들어간 직원은 몇 시간동안 계속 서서 계산을 해야만 한다. 이렇게나 힘든 일이 가까운 미래에 소멸할지도 모른다는 것은 줄을 서지 않아도 되는 고객의 입장에서도 좋은 점이지만 혹독한 소매업 현장에서 일하는 직원들에게 더욱 큰 장점이 될 것이다.

5장에서 다뤘던 스마트 스피커와 소프트뱅크의 페퍼 같은 로봇은 간병 및 요양시설의 일을 줄여줄 가능성이 있다. 요양보호를 받는 노인들은 요양 보호사가 자신의 이야기 상대가 되어주기를 원한다. 머지않은 미래에는 요양 시설에 누워있는 고령자의 곁에 지금보다도 성능이 업그레이드 된 페퍼가 눈동자를 굴리며 웃는 얼굴로 함께 있어줄 것이다. 고령자가 페퍼에게 말을 걸거나 서로 정답게 이야기를 나누는 상황은 5년이 지나면 지금보다도 훨씬 자연스럽게 그리고 훨씬 도움이 되는 형태로 이뤄질 것이다.

아마존의 알렉사 같은 스마트 스피커도 마찬가지다. 사람이 "고향에는 벚꽃이 피었나?"라고 말하면 "도쿄보다는 늦어졌지만 오쿠미카와에도 그저께부터 벚꽃이 피었다고 해요. 보시겠어요?"라며 유튜브를 검색해 올해 핀 벚꽃 모습을 텔레비전 화면에 띄워준다.

"여긴 어딘가?"

"사쿠라부치예요."

"아, 신시로의 사쿠라부치구나."

이런 식으로 고령자의 고향을 포함한 프로필을 완전히 파악하고 있는 인공지능과는 인간 못지않게 따뜻한 대화가 가능하다.

이런 시대가 되면 요양 시설의 요양 보호사는 지금보다 많은 고령자를 혼자서 담당할 수 있을지도 모른다. 물론 법률도 바뀔 필요가 있겠지만, 대화는 스마트 스피커나 로봇이 담당하고 요양 보호사는 물리적인 돌봄만 담당하는 역할 분담도 가능하다. 다만 요양 보호사가 자신이 담당하는 상대와 인간적인 대화 없이 돌봄 노동만 반복하며 일을 계속하고 싶은지는 더 생각해봐야 할 문제다.

하지만 업계에 따라서는 인공지능으로 노동력 절감에 한계가 있는 곳도 있다. 대형 체인이 경영하는 음식점에서는 이미 상당한 부분에서 업무 프로세스 자동화를 진행하고 있다. 예약 관리도 웹사이트를 이용하는 곳이 늘어났고 접수와 계산까지 로봇 페퍼가 담당하는 가게도 있다. 그러나 음식점의 작업량을 줄이는 데는 그다지 큰 효율을 발휘하지 못한다.

그런 의미에서 인력이 부족한 업계의 어느 정도까지는 인공지능 도입으로 노동력 절감이 가능한 부분도 있지만 본질적으로는 노동자의 대우를 조정하지 않으면 인력 부족 문제는 해결되지 않을 것이다.

택배 위기란 무엇이었는가

그렇다면 노동자의 대우는 어떻게 조정될까? 앞서 미래에 인력이 부족한 일자리에서는 긍정적인 면과 부정적인 면으로 정반대의 두 가지 현상이 일어난다고 이야기했다. 긍정적인 현상은 인공지능을 도입하여 노동 과정이 효율적으로 바뀐다는 것, 부정적인 현상은 업계 전체를 휩쓰는 업무 마비 위기다. 한번 업무 마비 위기가 일어나면 그제야 처음으로 상황을 바꾸려는 움직임이 일어날 것이고 각 업계는 과도기를 겪는다.

일본에서는 2017년에 택배 위기가 화제가 되었다. 온라인 쇼핑몰의 화물량이 증가하는 가운데 택배 운송 용량이 한계를 넘어선 것이다. 업계 상위인 야마토운수ヤマト運輸가 지금 같은 조건으로는 더 이상 택배를 받을 수 없다고 먼저 목소리를 높였다. 이전까지 대량 택배 고객은 일반 고객보다도 대폭 할인된 가격으로 택배를 보냈다. 이전에 물건 하나당 400엔 이하로 가격을 내릴 수 없다고 한 적도 있지만, 매스컴 취재에 따르면 가장 많은 양의 택배를 이용하는 고객의 경우 당시 250엔에서 300엔의 비용으로 택배를 발송했다고 한다.

이때 야마토운수가 어떤 움직임을 보일 것인지, 동시에 최대 고객이었던 아마존닷컴이 어떻게 대응할지에 대해서 주목을 모았다. 아마존의 택배 물량은 야마토운수 이전에 사가와큐빈佐川急便이 먼저 버티지 못하고 철퇴한 바 있다. 실질적으로 야마토운수 외에 의뢰할 수 있는 상대가 없는 가운데 아마존은 어떻게 움직일지 업계의 관심이 집중되었다.

　사실 이 택배 위기는 아마존닷컴과 야마토운수, 각각의 기업 문화가 큰 영향을 미쳤다. 아마존의 기업문화는 철저하게 소비자의 입장에 서는 것이다. 소비자가 조금이라도 편리하게 이용할 수 있도록 서비스를 개선하여 철저히 비용을 절감했다. 절감한 비용은 전부 소비자에게 환원하는 것이 아마존의 방침이다. 야마토운수는 화물을 맡기는 모든 고객의 요구를 철저히 받아들인다는 기업문화가 있었다. 화물주를 위해서는 감독관청과 싸워서라도 서비스를 할 수 있도록 문제를 해결해갔다. 야마토운수의 사고방식은 서비스가 제일 중요하고 이익은 그 후에 자연스럽게 따라온다는 것이었다. 철저히 고객 서비스에 매진하는 두 기업이 함께 일하니 현장이 제대로 돌아갈 수 없게 되었다. 이것이 택배 위기 문제의 근원이다.

　일할 사람을 구하지 못하고 현장이 업무량을 감당할 수 없는 상황이 되니 야마토운수도 아마존도 사업 확대를 하느냐 못하느냐를 생각하고 있을 상황이 아니었다. 이런 상황에 처해서야 처음으로 양사가 서로 양보하여 40%가 넘는 가격 인상을 아마존이 받아들였다. 나아가 야마토운수는 40% 정도의 다른 대형 고객과 계약을 끊었다. 이에 따라 사업을 지속하고 싶지만 야마토운수에서는 택배를 받아주지 않는 소형 온라인 쇼핑몰이 대량으로 발생했다. 고객의 요구를 대규모로 거부하는 방침을 야마토운수가 처음으로 시행한 것이다.

덴츠電通에서 과도한 업무로 직원이 자살하는 사건이 일어난 후 노동개혁 움직임이 업계 전체에 퍼진 것도 마찬가지다. 사회를 뒤흔들 정도의 문제가 일어난 후에야 개혁의 움직임이 강해진다. 안타까운 일이지만 일본 사회가 변화하기 위해 매번 겪는 통과의례다. 이런 개혁이 다른 업계에까지 퍼지는가 하면 안타깝게도 그렇지 않다. 요양 보호 업계는 운송업계의 택배 위기를 자신의 문제라고 생각하지 않고, 음식점은 덴츠의 과로사 문제를 다른 업계의 이야기라고만 생각한다. 톨스토이의 《안나 카레니나》의 말을 빌리자면 '행복한 업계는 모두 고만고만하지만 무릇 불행한 업계는 나름나름으로 불행하다'고 표현할 수 있다.

육체노동의 가치가 올라갈 수 있을까

지금까지 살펴본 바와 같이 앞으로 5년에서 10년 동안 인력 부족과 인력 과잉이라는 두 가지 사회 문제가 고용 시장을 뒤흔들 것이다. 문제의 본질은 시장원리에 따르면 본래 공급이 적어 시장 가치가 높은 일자리여야 할 곳인 '머리와 몸을 모두 사용하는 일자리'가 과소평가받고 있다는 점이다. 동시에 인력이 넘치는 '머리만 쓰는 일'은 상대적으로 가치가 과대평가되어 있는 것도 문제다. 이런 문제가 가까운 미래에 자연스러운 형태로 해소되기는 사실상 어렵다. 그 이유는 양쪽이 시정되어 가는 순서에 있다. 이 부분을 이해하기 쉽게 예를 들어 설명해보자.

호주의 시드니에 가면 점심 가격이 상당히 비싸서 깜짝 놀란다. 어느 정도 격식을 차린 가게가 아닌 평범한 가게라도 점심에 파스타를 주문하면 일본 돈으로 2,500엔이나 한다. 이상하게 생각되어 알아봤더니 호주의 파트타임 일자리 최저임금은 평일은 17.70호주 달러, 즉 일본 엔으로 환산하면 약 1,500엔, 주말은 2,000엔을 넘는다고 한다. 일본과 비교하면 상당히 높은 금액이다. 게다가 이것은 최저임금 수준이기 때문에 시드니 중심부의 바쁜 음식점이라면 실제 임금은 더 높다. 법률로 최저임금을 규제하고 노동의 수급 관계에 따라 비용이 늘어나면서 그 비용이 점심 가격을 결정하는 것이다.

호주에서는 전체 경제가 호조라 점심 가격이 오르는 것뿐만 아니라 다양한 서비스의 가격이 그 이상 올랐지만 그래도 시드니 시민은 불만을 느끼지 않고 당연하고 어쩔 수 없는 일로 받아들이고 있다. 소비자가 그 가격을 받아들이는 이유는 많은 시민이 그만큼 소득 수준을 유지할 수 있기 때문이다.

만약 시드니에서 화이트칼라의 노동 가치가 먼저 떨어져서 시급이

1,000엔 정도가 되었다고 하자. 그러면 점심에 2,500엔의 돈을 지불할 사람이 얼마나 있을까? 현재 일본에서는 정규직 임금이 한계점을 찍고 떨어지는 추세이고 비정규 노동자가 대폭 증가하면서 소득 하위층이 확대되고 있다. 많은 주택 대출을 떠안고 적은 용돈으로 살아가야 하는 노동자가 늘어났다. 결과적으로 점심은 매일 편의점에서 파는 250엔짜리 샌드위치로 해결하는 직장인이 늘었다.

아마도 앞으로는 인력이 필요 없어진 오피스의 임금 수준이 다른 직종보다 먼저 지금 수준에서 한두 단계 더 내려갈 것이다. 사무 작업의 수요가 사라지는 반면 쾌적한 오피스에서 컴퓨터 앞에 앉아 일하는 사람의 수는 변함없이 많기 때문에 노동 가치는 떨어질 수밖에 없다.

다른 한편에서는 인력을 구하기 힘든 업계의 위기가 몇 년에 한 번 꼴로 일어난다. 그러므로 미래에 머리를 쓰는 사람들의 임금이 대폭 떨어진 후에야 어느 정도 시간차를 두고 머리와 몸을 모두 쓰는 사람들의 임금을 올리지 않으면 안 된다는 문제가 겨우 부각된다. 하지만 이때 또 다른 문제가 일어난다. 음식점을 예로 들면 머리와 몸을 모두 쓰는 음식점 직원의 시급이 1,700엔으로 올라가도 고객인 대중의 임금 수준이 대폭 떨어져버리면 비용 상승을 가격에 전가할 수 없다.

요양 업계가 바로 이러한 문제를 안고 있다. 요양 업계의 최대 문제는 적절한 비용을 요양 서비스가 필요한 사람과 그 가족에게 청구하기 힘들다는 점이다. 요양 보험에서 받는 금액을 포함해도 개별 사업자가 이용자 한 사람에게 받을 수 있는 금액은 무척 적다. 그러다 보니 요양 보호사의 임금 수준을 올려줄 방법이 없다.

즉 일본에서 중상층을 차지하는 화이트칼라의 고용이 먼저 붕괴되면 블루칼라의 임금을 적정 수준으로 올리지 못하게 된다. 그러면 아무리 수요가 있어도 블루칼라의 일자리는 사람을 구할 수 없어 성장이 멈춘다. 이대로 가다간 일본 경제의 최종 해결책은 외국에서 대량으로 이민자를 받아 적은 임금으로 육체노동 일자리를 메우는 것이 될 수밖에 없다. 무엇보다 지금 존재하는 업종 간의 임금 불균형 문제를 먼저 해결하는 것만이 노동개혁이 가야할 방향이다.

행복의 기준이
바뀌다

새로운 시대에 인생의 행복은 무엇일까?

이번 장의 마지막으로 일하는 인간에게 행복이란 대체 무엇인가를 생각해보고 싶다. 앞으로 찾아올 미래는 인공지능이 일반 사무직과 운전사를 비롯해 변호사, 의사 같은 지식 노동자의 일자리를 빼앗는 방향으로 발전해 간다. 아마도 지금부터 20년 정도에 걸쳐 단계적으로 일자리 전체의 절반 정도가 소멸되고 그로 인해 큰 사회 문제가 생길 것이다. 그리고 일자리를 얻을 기회가 줄어들면 사람들은 얼마 남지 않은 일자리를 차지하기 위해 경쟁한다. 사회는 일자리 공유를 추천하지만 여럿이 공유하는 얼마 없는 일자리만으로는 생계를 꾸려갈 수 없다는 비통한 목소리가 높아진다.

이상적인 조치는 4장에서 이야기했듯이 170조 엔 규모의 기초소득 재원을 확보하여 세대당 400만 엔 규모의 수입을 무상으로 제공하는 것이다. 하지만 현재 경제정책의 틀에서 생각하면 그런 거액의 재원은 꿈같은 이야기다. 나는 정부가 인공지능 노동에 대해 대가를 징수하고 그것으로 기초소득 재원을 100조 엔 규모로 확보해야만 한다고 반복해서 주장하고 있지만 이 생각에 찬성하는 사람은 좀처럼 나오지 않는다. 여러가지로 어려운 문제인 것이다.

하지만 여기서 생각해보고 싶다. 모두 정말로 그렇게 일하고 싶은가? 영국 문화 인류학자 데이비드 그레이버David Graeber가 〈보잘것없는 일자리라는 현상에 대해서〉라는 충격적인 논문을 썼다. 그레이버의 논문에 따르면 현대 사회에서는 셀 수 없을 만큼 많은 사람이 자신의 인생 전부를 무의미한 일을 하는 데 소비하고 있다. 무의미한 일의 정의는 '일을 하고 있는 본인이 기본적으로 쓸모없다고 생각하는 일'이다. 여기에서 자세하게는 다루지 않겠지만, 선진국에서는 최근 30년 동안에 보잘것없는 일이 계속 증가하고 있다고 한다. 확실히 그 지적대로 나도 마음에 짚이는 부분이 있다.

나의 생활을 지탱해주는 '돈이 되는 일'과 내가 정말로 몰두하고 싶은 '사회적으로 가치가 있는 일'은 다르다. 일이 시시한지 어떤지를 떠나서 내가 그다지 내키지 않는 내용의 의뢰일수록 클라이언트는 어떻게든 조금이라도 더 많은 금액을 제시하여 내가 그 일을 하도록 한다. 반면 내가 사회적으로 의의가 있다고 생각하는 일, 예를 들면 '경제의 미래를 젊은이들에게 진지하게 설명하는 일' 같은 토크 이벤트는 대부분이 적자로, 내게 돌아오는 개런티는 성의만 보일 정도의 적은 금액일 때가 많다.

보잘것없는 일로 생계를 꾸려나간다는 점에서 그레이버는 비대해진 관리 영역의 일을 지적한 것인지도 모르지만, 그것과는 다른 관점에서 봐도 젊은이들은 보잘것없는 일에 열을 올리고 있는 것처럼 보인다. IT 기업에서 높은 연봉을 받는 젊은이들은 매일 클릭수를 어떻게 하면 0.1포인트 더 올릴 수 있을까에 자신의 열정 전부를 쏟는다. 대기업 맥주 제조회사의 우수한 젊은 기술자는 보리, 맥아, 홉 이외에 다른 원재료를 사용하여 얼마나 맥주맛에 가까운 상품을 개발할 수 있을지 연구하는 데 한창 잘 나갈 시기를 소비한다.

높은 연봉을 보장받는 일이라고 해도 그것이 정말로 자신이 인생을 걸고 할 일일까? 세상이 돌아가기 위해 필요한 일들이 사실은 보잘것없는 일이고 그런 일자리를 인공지능이 소멸시켜 버린다면, 보잘것없는 일이 사라져서 우리 인생이 곤란해질 것은 무엇일까?

당신은 정말 그렇게나 많이 일하고 싶은가?

여기서 '당신은 그렇게나 많이 일하고 싶은가?'라는 명제로 돌아간다. 어느 정도 지위도 돈도 있는 고위 경영진에게 '당신에게 일이란 무엇인가?'라고 물어보면 대부분 '자아실현을 하는 자리다'라는 대답이 돌아온다. 이것은 사실 내가 이전에 근무했던 컨설팅그룹 안에서는 간부직원들 사이에 하나의 합의처럼 여겨졌다.

변호사가 그렇게나 많은 일에 자신의 시간을 쏟아 붓는 이유는 그 일로 가치를 끌어내는 것이 자신의 존재 의의라고 생각하기 때문이다. 비즈니스 현장에서 혹시나 발생할지 모르는 리스크를 피할 수 있도록 눈을 부릅뜨고 계약서 각 항목을 체크하거나, 큰 소송이 일어날 것 같은 상황에서 법정 공방에 휘말리기 전에 사태를 수습하고 법률적 관점에서 적절한 조언을 하여 문제를 회피할 수 있게 도와주는 일은 변호사의 큰 즐거움일 것이다. 자신이 그 일을 함으로써 만들어지는 가치야말로 진정한 일의 의미이고 나아가 인생의 의미라고 생각하는 것, 이것이 고액연봉을 받는 지식 노동자의 본심이다.

하지만 만약 인공지능이 발달하여 지식 노동자의 일자리가 절반으로 줄어든다면 어떨까? 변호사 업계에서 패러리걸 같은 작업을 하는 일자리가 소멸하고 고도의 프로페셔널한 일만 남는다고 할 때 절반의 변호사가 일자리를 잃는 것과 모든 변호사의 노동 시간이 반으로 줄어드는 것 중 어느 쪽이 좋을까?

연봉 1,500만 엔을 받으며 연간 2,500시간이나 일해야 하는 자신의 자리를 지킨 절반과 일자리를 잃고 연 수입 제로가 되는 나머지 절반의 변호사. 반밖에 남지 않은 자리를 두고 경쟁하며 자리를 지키기 위해 조마조마하면서 어떻게든 매달려 있는 미래가 과연 좋을까? 시장이 절반으로 줄었으니 변호사 모두가 1일 4시간 노동을 하며 모두 연봉 750만 엔을 받는 미래가 더 좋지 않을까?

물론 연봉이 절반으로 줄어도 750만 엔이나 되는 변호사는 특수한 예일지도 모른다. 하지만 인공지능에 의해 사회 전체의 일자리가 절반으로 줄어들면 일본인은 실업률 50%의 사회를 선택할지 아니면 노동 공유로 노동시간을 절반으로 줄이는 사회를 선택할지의 기로에 서게 된다.

모두의 노동 시간이 절반이 되어 남은 절반은 자유로워지는 미래, 그것이 내가 생각하는 진짜 멋진 미래다. 최대 다수의 최대 행복이라는 관점에서는 분명히 노동시간을 절반으로 줄이고 줄어든 소득은 어떤 방법으로든 기초소득을 보전하는 사회를 미래 목표로 세우는 편이 좋을 것이다.

낮 시간 중 절반은 일을 하고 남은 절반의 시간은 자유롭게 보내는 미래, 책을 좋아하는 사람은 오후 시간을 독서를 하며 보내면 된다. 매일 다른 영화를 보거나 일주일의 처음 3일 동안만 바짝 일하고 매주 4일 동안 휴가로 여행을 가도 된다. 만약 그런 미래가 온다면 나는 어렸을 적 취미였던 프라모델을 다시 시작해보고 싶다는 상상을 하고 있다.

현대인이 누리고 있는 행복

과연 연봉이 절반으로 줄고 기초소득으로 부족분을 채우는 일본인의 미래는 비참할까? 현대인은 지금 역사상 한 번도 없었을 만큼 행복한 환경에서 살아가고 있다. 그런데 왜 우리는 '불행하다', '비참하다'고 생각하며 비관하는 걸까?

오늘날 우리의 일상을 세계 역사와 대조해 보면 아마도 많은 사람들이 절대 왕정 시대의 프랑스 국왕이나 오스트리아 황제보다도 호화로운 생활을 하고 있을 것이다. 물론 권력이라는 점에서는 전혀 미치지 못하고 집의 넓이도 비교할 정도는 못 된다. 하지만 그 외의 부분에서 현대인이 보내는 하루하루는 18세기의 국왕이나 귀족이 누리던 것보다 풍족하다.

텔레비전 리모컨을 누르면 매일 밤 재미있는 프로그램을 즐길 수 있다. 매일 밤 귀찮은 준비를 하고 말을 타고 오페라하우스에 가서 겨우 2시간 오페라 감상을 하는 것밖에 즐길 거리가 없었던 국왕과 비교하면 21세기를 사는 우리는 무한한 엔터테인먼트 콘텐츠를 마음 껏 선택할 수 있다. 음식도 마찬가지다. 편의점에만 가도 청결하고 맛 있고 간편한 메뉴가 가득하다. 이탈리안 패밀리 레스토랑에 가면 언 제든 좋아하는 이탈리아 요리를 즐길 수 있고 가까운 술집에서 맛있 는 술도 마음껏 마실 수 있다. 게다가 생활환경은 당시의 지저분했던 파리의 거리와는 다르게 청결하고 병에 걸릴 걱정도 훨씬 줄었다. 불 행하게 병으로 쓰러졌다고 해도 21세기 의학지식을 바탕으로 고도의 치료를 받을 수 있다. 겨울은 난방을 하여 따뜻하게 지낼 수 있고 여 름은 냉방으로 시원하다. 버튼 하나만 누르면 샤워를 할 수 있고 쾌 적한 욕조에 몸을 담글 수도 있다. 하인은 없지만 스마트폰 버튼을 누르면 원하는 것은 무엇이든 인터넷 쇼핑몰에서 주문할 수 있으며, 주문한 물건은 집에서 택배로 받을 수 있다. 프랑스 귀족의 생활을 훨씬 능가하는 이런 평범한 하루하루가 과연 비참한 미래일까?

2020년대의 행복

그럼에도 불구하고 "그래도 역시나 앞으로 올 미래는 불행하다."고 대답하는 사람이 대다수인 이유는 결국 행복이란 상대적인 것이기 때문이다. 실제로 이전까지 중산층이었던 가정이 정리해고로 무너지면 그 가족은 갑자기 불행을 느끼게 된다.

아무리 현대의 생활이 18세기의 파리 부유층보다도 훨씬 쾌적하다고 설득해도 현실은 주택 대출을 갚을 수 없어 살던 집과 동네를 떠나야한다. 외식도 마음대로 할 수 없다. 아이들을 좋은 사립학교에 보낼 수 없다. 이런 상황에 많은 사람들이 새롭게 다가올 현실 하나하나를 불행하다고 느끼는 것은 당연한지도 모른다.

결국 미래의 행복이란 철학적인 것, 주관적인 것이 된다. 이대로 인공지능의 확산을 사회적으로 방치하면 보이지 않는 AI 실업도 증가한다. 매년 노동자의 소득 기회를 기계에게 빼앗기는 사회에서 부가 일부 사람들에게 집중된다면 자신보다도 풍족한 생활을 하는 사람이 일부만 존재하기 때문에 그 이외의 많은 사람은 상대적으로 자신을 불행하다고 느끼게 된다. 이런 현상에 대해 괜찮은 대책은 없다. 결국 미래의 일상을 행복하다고 느낄지 불행하다고 느낄지는 각자의 마음에 달렸다는 이야기가 된다.

다만 그런 미래에 희망이 되는 것은 젊은 세대들 사이에 새롭게 형성된 가치관일 것이다. 이미 현재의 2030세대 사이에는 나와 같은 50대와는 다른 가치관이 생기고 있다. 그들은 회사를 위해서 일하고 일을 통해 자기실현을 이룬다는 가치관, 이른바 상승지향이라고 부르는 사고방식을 시대에 뒤떨어진 것으로 생각한다. 자유와 동료를 중요하게 여기며 하루하루를 소중하게 살아가고 싶다는 것이 새로운 세대의 가치관이다. 시대는 변할 수밖에 없다. 그 변화에 따라 사회와 경제의 전제조건도 변한다. 이미 사회인이 되어 있는 사람들에게 있어서는 시련으로 느껴질지라도, 이제 막 사회에 첫발을 내딛은 세대는 자연스럽게 그 전제를 받아들이고 새로운 전제에 맞는 새로운 가치관을 만들 것이다. 세대란 그리고 인생이란 본질적으로 그런 것일지도 모른다.

제7장

10년 후에도 살아남는 세 가지 일

앞으로 어떤 일자리를
선택해야 할까

AI

새로운 시대에 살아남기 위해서 젊은 세대는 지금부터 일자리 선택이 중요하다. 인공지능을 비즈니스에 적용하는 사업 개발 업무, 인공지능은 할 수 없는 커뮤니케이션 기술이나 리더십을 강점으로 하는 일, 그리고 머리와 몸을 모두 사용하는 현장직, 이것이 지금을 살아가는 젊은 이들이 선택해야 할 일자리다.

일자리 감소는
반드시 다가올 문제

아무리 뛰어난 기술도 인간을 뛰어넘지는 못한다?

나는 인공지능 발달에 따른 일자리 소멸의 영향이 앞으로 커다란 사회 문제가 될 것으로 예상한다. 인공지능이 심층학습 능력을 얻어 사회의 다양한 분야에서 '인력이 필요 없어지는 일자리'가 대량으로 나타날 것을 경고해두고 싶다.

그러나 당연히 세상에는 나와 반대의 의견을 가진 사람도 많이 존재한다. 앞으로 일어날 미래의 기술진화에 관한 논의이기 때문에 의견이 갈라지는 것은 어쩔 수 없는 일이다. 하지만 그렇다고는 해도 문제의 중요도가 과소평가되면 곤란하다. 따라서 최종장의 앞부분에서는 'AI 실업은 두려워하지 않아도 된다'는 논지의 함정에 대해 먼저 지적해보고 싶다.

인공지능이 인간과 같은 지능을 얻을 날은 오지 않을 것이며, 따라서 인간의 뛰어난 능력을 믿고 기술을 연마하기 위해 노력해야 한다는 의견이 취업진로상담사나 사회학자 사이에서 제기되고 있다. 그들이 최대의 논거로 드는 것은 인공지능이 도쿄대학 시험에 합격할 수 있을지를 검증한 실제 프로젝트의 결과다.

최첨단 기술력을 가진 인공지능 학자가 실제로 성패를 확인해본 결과 현재 기술 차원에서는 계속 발달한다고 해도 인공지능은 도쿄대학 입시에 합격할 만한 능력을 결코 획득할 수 없다고 한다. 사실 이 연구 결과는 나도 알고 있고, 연구자의 의견이 옳다는 것도 잘 이해하고 있다. 연구자는 상당히 옳은 주장을 하고 있다. 문제는 사람들이 연구 결과를 오해하고 있는 것이다. 이 결과를 잘 이해하지 못하고 받아들여 '인공지능은 영원히 인류와 같은 지능은 획득할 수 없다'고 생각해 버리면 미래에 관한 두 가지 커다란 함정에 빠져버린다.

현재 인공지능의 학습능력은 상당히 높아졌지만 아직 인공지능이 풀기 어려운 과제가 몇 가지 존재한다. 대표적인 것이 프레임 문제다. 현재의 인공지능은 문제에 내재된 암묵의 전제를 스스로 설정하지 못한다. 자주 사용되는 블랙조크로 고열이 나는 환자의 열을 내리라는 과제를 받은 인공지능이 '죽이면 열이 내려갑니다'라고 대답한다는 것이 있다. 치료는 아픈 것을 낫게 하는 행위라는 암묵적인 전제가 인공지능에 프로그래밍되어 있지 않으면 기계는 문제를 제대로 이해하지 못한다. 세상에 인공지능이 이해해야 할 암묵의 전제는 무수히 많고, 그 전부를 프로그래밍하는 것은 불가능하다. 이 문제를 넘어서지 못하는 한 인공지능은 인간의 말을 제대로 이해할 수 없다. 따라서 대입 시험 유형 중 빈칸 채우기 문제는 정답을 써낼 수 있지만, 도쿄대학 2차 시험 같은 깊은 독해력이 필요한 작업에는 인공지능이 인간보다 뒤처지는 것이다.

'현재의 기술'이라는 함정

여기까지는 옳지만 첫 번째 함정은 이 주장에 '현재의 프로그래밍 기술차원에서는'이라는 단서가 붙어 있다는 것이다. 실제로 프레임 문제를 비롯해 현재 기술 차원에서 해결해야 할 문제가 몇 가지 남아있다. 그리고 그것을 뛰어넘기 위해서 새로운 컴퓨터 기술 연구가 시작되었다.

최근 인간의 뇌의 구조를 재현하는 뉴로컴퓨터 연구가 화제가 되고 있다. 인간의 뇌는 1,000억 개의 뉴런과 150조 개의 시냅스로 구성되어 복잡하게 움직이면서 인간의 지능으로 기능한다. 이런 계산 환경을 재현한다면 인간처럼 생각할 수 있는 새로운 형태의 인공지능이 탄생할지도 모른다. 이 연구는 슈퍼컴퓨터로 진행하기는 적합하지 않다. 실제로 슈퍼컴퓨터 케이로 인간의 뇌를 재현하는 시뮬레이션을 시행했던 적이 있다. 그때에는 인간 뇌의 1%가 활동하여 1초 만에 하는 일을 재현하는 데 40분이 걸렸다고 한다. 즉 슈퍼컴퓨터는 실시간으로 인간의 뇌와 같은 구조로 계산하기에는 파워가 부족한 것이다.

1장에서 '슈퍼컴퓨터 케이는 역사상 처음으로 인간의 뇌와 같은 계산력을 획득한 컴퓨터다'라고 이야기했던 것과 모순되는 이야기 같지만, 처리속도는 같아도 케이와 뇌의 구성은 전혀 다르다. 예를 들어 다임러가 발명한 초기의 자동차는 인간과 같은 속도로 달릴 수는 있었어도 여전히 인간처럼 두 다리로 달리는 구조는 아니다. 혼다가 연구 중인 이족보행 로봇이 다임러가 발명한 자동차와는 전혀 다른 기술 분야인 것과 마찬가지다.

IBM이 인간의 뇌와 유사한 설계 차원의 새로운 컴퓨터 칩 연구를 시작했다. 시냅스SyNAPSE라고 부르는 프로젝트다. 그 성과로 2014년에 뉴로시냅틱 모델을 기반으로 하는 새로운 유형의 컴퓨터

칩을 발표했다. 프로그램 가능한 뉴런을 100만 개, 시냅스를 2억 5,600만 개 탑재한 반도체칩으로 인간의 뇌로 말하자면 우뇌가 담당하는 패턴 인식을 대체할 수 있다. 이 패턴 인식력은 지금까지의 기술로 개발한 인공지능이 비교적 잘하지 못했던 분야다. 그것이 이미 칩으로 만들어져 미군 전투력의 눈으로 실용화되었다. 이 칩을 48개 연결하면 정확히 '쥐의 두뇌'가 재현되는 수준이라고 한다. 뉴로칩의 연구는 아직 진행 중으로 목표는 당연히 인간의 뇌를 재현하는 것이다.

유럽연합은 더 큰 규모로 연구를 시작했다. 실제로 인간과 같은 수의 뉴런을 갖춘 시뮬레이션 장치를 개발하고 있다. 이쪽도 쥐, 고양이 같은 단계를 밟아 인간에 도달하려고 하는 중이다. 2023년에는 인간의 두뇌를 시뮬레이션 할 수 있는 연구 환경을 준비할 것을 목표로 하고 있다.

즉 첫 번째로 생각할 문제는 지금 인공지능 연구는 가까운 미래에 벽에 부딪혀 정체할 가능성이 있지만 지금부터 5년 후에는 그것을 돌파하기 위해 전혀 새로운 뉴로컴퓨터가 출현한다는 것이다. 그리고 당연한 일이지만 '현재의 프로그래밍 기술 차원으로는 해결할 수 없다'는 문제는 새로운 차원으로는 해결 가능한 문제가 될 수 있다. 이런 변화가 앞으로 5년 동안에 일어난다.

그러거나 말거나 일자리는 줄어든다

인간과 동등한 이해력을 가진 범용형 인공지능이 출현하면 화이트
칼라의 일자리는 100% 인공지능으로 대체할 수 있다. 하지만 동시에
그런 시대가 오는 때는 2035년 이후라고 한다. 뉴로컴퓨터가 출현할
때까지 기다리지 않으면 실제로는 일어나지 않을 미래다. 여기에 또
하나의 함정이 있다. 만약 뉴로컴퓨터 개발에 도전한 결과 역시 인공
지능이 인간을 뛰어넘지 못한다는 사실을 알게 되었다고 해도 가까
운 미래에 인간의 일자리의 몇 퍼센트가 인공지능으로 대체되는 것
은 변함없다.

지금 취업진로상담사가 이야기해야 할 문제는 2035년부터 2045
년에 걸쳐 인공지능이 인류를 뛰어넘을 수 있을까 하는 논의보다도
오히려 현재와 지금부터 5년 사이, 즉 겨우 2023년 정도까지의 미래
에 인간의 일자리에 어떤 일이 벌어지는가에 대한 문제다.

인간과 동등한 이해력이 없어도 인공지능은 다양한 부분에서 인간
의 일자리를 대체할 수 있다. 앞에서 이야기했지만 지금 화제가 되고
있는 RPA라는 기술이 있다. 이것은 현재 수준의 인공지능이 인간이
하는 화이트칼라의 사무 작업을 관찰하고 학습하여 인공지능이 수행
하는 작업으로 만들어가는 기술이다.

예를 들어 대부분의 화이트칼라 직원이 수행하고 있을 월말 경비처

리 과정을 살펴보자. 스케줄러에서 업무 시간을 산정하고 교통비 등의 경비를 청구한다. 부서나 일에 따라서는 외부의 협력회사에서 청구서를 받아 재무팀에 넘기는 작업도 발생할 것이다. 이러한 사무 작업은 RPA가 본격적으로 실용화되면 사람이 할 필요가 없어진다. 월말이 되면 스케줄러와 스마트폰의 GPS 데이터, 전자 머니의 이용기록 등을 바탕으로 인공지능이 순식간에 완벽하게 처리해준다. 직장인들에게는 귀찮은 작업이 또 하나 사라지는 셈이다.

하지만 그것은 일이 편해지는 것뿐만 아니라 회사 안에서 누군가의 일자리가 사라진다는 의미이기도 하다. 실제로 3장에서 이야기했듯이 메가뱅크에서는 RPA로 수천 명에서 2만 명 정도의 직원을 정리해고 한다고 발표했다. 2022년에는 레벨5의 완전 자율주행차가 실용화되어 운전사의 일자리도 위협을 받는다. 아마존이 시애틀에서 시험적으로 오픈한 아마존고와 같은 매장이 늘어나면 슈퍼마켓과 편의점 그리고 유니클로 같은 의류품 매장까지 넓은 범위에서 계산대 작업은 사라질 것이다.

인공지능이 인간을 뛰어넘건 말건 세상에서 수십 퍼센트 정도의 일자리는 반드시 사라지는 미래가 온다는 것이다. 실업률이 5% 증가하는 것만으로도 세계는 대불황을 겪는다. 거시적으로 보면 일자리가 전부 소멸된 인류가 새로운 스테이지로 옮겨가는 미래보다도 더

나쁜 상황이다. 일자리가 줄어든다는 것은 남은 일자리를 두고 일하고 싶은 사람들이 서로 경쟁하게 된다는 것을 의미한다. 사람을 구하는 곳보다 일자리를 찾는 사람이 큰 폭으로 많아지면 노동자는 모두 빈곤해진다.

즉 두 번째 함정은 인공지능이 인간과 같은 능력을 영원히 획득하지 못하고 현재의 컴퓨터 기술 차원에서 발전하는 것만으로도 AI 실업에 따른 대불황이 찾아온다는 사실은 변함없다는 것이다. 따라서 낙관적인 예측을 그대로 믿지 않았으면 한다. 우리는 이미 시작된 인공지능에 의한 노동대가의 격감에 준비해야 한다.

인공지능의 발전과 노동 인구의 비정규화가 확대된 흐름 사이에는 인과 관계가 명백하게 존재한다. 또한 앞으로 5년 동안 현재의 컴퓨터 기술 차원에서 인공지능이 진화하는 것만으로도 이 경향은 더욱 큰 규모로 확대될 것이다. 적어도 자동차에 관련된 산업과 금융에 관련된 산업에서 종사하는 노동자는 가까운 미래에 큰 영향을 받을 것이 기정사실이 되었다. 이미 인공지능의 영향을 받아 초봉 수준이 낮아지는 상황에 직면한 사무 작업 노동자의 처우도 앞으로 5년 간 더욱 심각한 타격을 받을 것이다.

그렇다면 앞으로 10년 동안에 살아남는 일자리는 무엇일까? 젊은 세대는 어떤 일자리를 선택해야만 할까? 독자 여러분이 20, 30대라면 어떤 일자리를 선택할지, 40대 이상이라면 자녀나 손자 세대에게 어떤 조언을 하면 좋을지 생각해봤으면 한다. 그리고 이번 장의 마지막에는 하던 일을 바꾸기 힘든 40대 이상의 독자가 지금 무엇을 해두면 좋을지에 대해 한 가지 다른 조언을 제시해두고자 한다.

앞으로 10년 동안 살아남을 일자리

인공지능을 비즈니스에 접목하는 일

곧 대학을 졸업할 젊은이들은 어떤 일자리를 찾는 것이 좋을까? 10년 후의 미래에도 살아남을 일자리가 세 가지 있다. 우선 첫 번째 일자리부터 소개해보자.

1967년작 영화 〈졸업〉에는 대학을 졸업한 주인공 더스틴 호프만에게 한 성공한 사업가가 '플라스틱이 유망하다'고 조언하는 장면이 나온다. 1960~70년대에는 화학 제조 산업이 상당히 발전했다. 발전하는 산업에 들어가면 일자리 때문에 곤란해질 일이 없다. 영화에서는 그것이 플라스틱이라고 인생의 대선배가 조언해준다.

현재 시점에서 대학을 졸업하는 젊은이들에게 가장 유망한 일자리가 무엇이냐고 묻는다면 '인공지능'이라고 말하겠다. 아니, 여기서 포기하지 말고 이야기를 들어줬으면 한다. 이 책을 읽고 있는 누군가는 아마도 인공지능 학자를 목표로 공부하고 있을지도 모른다. 반대로 문과 학생일 수도 있다. 지금 어느 쪽을 공부하고 있든 상관없이 졸업 후에 취업하면 좋은 일자리의 첫 번째로 인공지능과 관련된 일을 추천한다.

이해하기 쉽도록 실제 예시를 들어 이야기해보자. 2000년 무렵으로 말하자면 '인터넷이 유망하다'는 이야기인데 여기서 한 가지 생각해봤으면 하는 부분이 있다. IT 기업에서 인터넷 비즈니스로 성공한 사람들은 모두 IT 엔지니어였을까? 물론 엔지니어였던 사람도 일부 있지만 엔지니어가 아니었어도 성공한 사람은 많다.

일본 대표 인터넷 기업 라쿠텐らくてん의 창업자인 미키타니 히로시三木谷浩史는 은행원이었다. 온라인 쇼핑몰 조조타운ZOZOTOWN을 운영하는 스타트투데이Start Today의 마에자와 유사쿠前澤友作는 원래 뮤지션으로, 수입 CD를 판매하면서 비즈니스를 시작했다. 디엔에이의 창업자 난바 도모코南場智子는 대학 졸업 후 맥킨지의 비즈니스 분석가로 시작하여 사회 경력을 쌓았다.

인터넷의 본고장인 미국에서는 마크 저커버그, 스티브 잡스, 빌 게이츠처럼 IT에 대한 이해가 깊은 인재만 성공하는 것처럼 보이지만, 그들도 IT 기술자로 일했던 것은 초창기뿐이었다. 사실 그들이 페이스북이나 윈도우의 프로그램을 직접 만들었던 것도, 아이폰을 직접 설계했던 것도 아니다. 오히려 문과 계열의 일로 분류되는 경영과 교섭, 전략의 힘으로 사업을 성공시켰다.

여기서 중요한 점은 인터넷에서 성공한 사람들 모두 인터넷 기술이 비즈니스의 미래를 바꿀 것에 대한 강한 비전을 가지고 있었고, 인터넷 기술을 누구보다도 비즈니스에 잘 적용했다는 것이다. 이렇게 상품을 비즈니스에 적용하는 일을 직종으로 말하면 '사업 개발 업무'라고 부른다. 즉 앞으로 10년 동안에 가장 잘 나가는 일자리는 인공지능을 비즈니스에 적용하는 사업 개발이 될 것이다.

인공지능 '덕후'가 되라

사업 개발이란 어떤 일일까? 사실은 이 책의 3장에서 이미 그 일자리에 대한 개요를 소개했다. 지금 정규직이 하는 일은 '새로운 사업과 업무의 성공 패턴을 설계하여 그것을 확장 전개하는 것'이라고 썼는데 이 업무가 바로 사업 개발이다. 그러나 인공지능을 활용하여 이 일을 제대로 수행할 수 있는 인재는 아직 압도적으로 부족하다. 성공한 IT 기업의 경영자가 프로그래머가 아닌 것과 마찬가지로 앞으로 올 가까운 미래에 인공지능을 이용한 사업 개발에 성공하는 사람의 대부분은 인공지능 개발자가 아닐 것이다.

엔지니어가 개발하는 인공지능 제품을 누구보다 빨리 시험해보고 구조를 이해하여 적용할 영역과 기능적인 한계를 파악할 수 있는 사람, 그것을 비즈니스에 적용할 수 있는 사람이 앞으로 10년 동안 가장 필요한 인재다.

만약 당신이 방송사에서 근무하고 있다고 가정해보자. 누구보다도 먼저 인공지능을 사용하여 SNS에서 실시간으로 방송의 반향을 파악하고 그것을 생방송 중에 시청자가 원하는 방향으로 바꿔가는 새로운 업무 방식을 현장에 도입한다면 어떨까? 소매업 체인점에서 근무하고 있다면 인공지능을 활용해 재고가 들쑥날쑥한 원인을 파악하고 기회손실을 줄이는 구조를 누구보다도 빠르게 구축하면 어떨까? 그리고 그 방식을 전국 점포에 적용한다면? 인터넷 서비스 회사에서 근무한다면 인공지능을 이용해 잠재고객에게 효율적으로 접근하고 낮은 단가로 수십만 명 단위의 신규고객을 확보하는 구조를 만들면 어떨까?

실제로 이런 일에 사용되는 인공지능 서비스는 아마존, 구글, 마이크로소프트의 클라우드에서 이용할 수 있다. 하지만 그것이 가능한 인재는 지금은 어느 기업에도 희소하다. 지금 회사에서 연봉 300만 엔이었다고 해도 이런 업무로 성공한 경력이 있으면 연봉 1,000만 엔으로 스카우트될 수 있는 길이 열린다. 혹독한 미래의 신 계급사회에서도 미래의 커리어를 전혀 걱정하지 않고 살아남을 재능이다.

그렇다면 어떻게 하면 인공지능을 잘 다루는 인재가 될 수 있을까? 젊었을 때 인공지능 상품에 흥미를 가지고 계속해서 취미로 사용해보면 좋다. 인터넷 비즈니스도 마찬가지다. 인터넷 비즈니스에 적용할 사업을 개발하는 데 성공한 사람 중 대부분이 사생활에서는 일명 '인터넷 덕후'였다. 2000년대로 말하자면 평범하게 회사를 다니며 취미로 인터넷 잡지를 구독하고 부록에 붙은 비법 툴을 자기 컴퓨터에 시험해보는 것이 취미였던 사람. 그런 사람이 사실은 인터넷 기술을 회사 안에서 적용할 가능성에 대해 누구보다도 빨리 눈치챌 수 있고 블로그나 SNS, 온라인 게임 같은 새로운 아이디어에 대한 이해도 빨랐다.

지금은 아직 인공지능의 여명기다. 다양하게 출현하는 인공지능에 대한 웹 기사를 찾아 읽거나 아마존의 에코 같은 새로운 형태의 인공지능 제품을 많이 접하며, 인공지능을 사업 개발에 적용하는 분야에서 다른 누구보다도 경쟁력을 높이는 것을 목표로 하면 된다.

커뮤니케이션 능력을 갖춘 리더

앞으로 10년 안에 살아남을 일자리로 사업 개발 이외에 유망한 두 번째 일자리를 살펴보자. 범용형 인공지능이 등장하지 않는 한 인공지능이 할 수 없는 일에서 실력을 쌓는다는 발상이다. 즉 당분간 인간만이 할 수 있는 분야에서 누구보다도 강한 사람이 되는 것을 목표로 하는 것이다.

앞으로 10년 동안 인공지능이 아무리 진화해도 인간을 이길 수 없는 것이 커뮤니케이션 능력이다. 타인에게 공감한다, 타인의 마음을 바꾼다, 타인과 마음이 통한다, 타인을 행동하게 만든다…. 이런 인간의 마음을 움직이는 일은 앞으로 10년 동안 인공지능에게 빼앗기지 않는 일이다. 그리고 그것은 어느 직업과 직종에 종사할지의 문제가 아니라 어떤 스킬을 강점으로 연마할 것인가 하는 관점이 해결책이 된다.

커뮤니케이션을 강점으로 한다는 것은 바꿔 말하면 젊었을 때 직장 안에서 '이해가 빠른 직원', '말하기 전에 행동하는 직원'이라는 평판을 받는 것이고, 커리어를 쌓아가는 동안에는 '젊은 직원 사이에 영향력 있는 사람', '리더십 있는 상사', '수많은 사람들을 조직화하여 운영할 수 있는 귀중한 부서장'과 같이 자신의 위치를 단계적으로 높이는 것을 뜻한다. 그리고 이런 강점을 가진 인재야말로 지금 많은 기업에서 가장 원하는 인재, 다시 말해 유능한 간부가 될 만 한 인재다.

이렇게 된 가장 큰 원인은 과거 30년간 이뤄진 정리해고와 비정규직 증가에 있다. 경제성장기 기업처럼 회사 직원 모두가 종신고용 정규직으로 구성되어 있다면 리더십이 그다지 없는 연공서열의 부장이라도 조직을 움직일 수 있다. 모두가 그 회사를 떠나지 못하고 나이 많은 상사 아래에서 일하는 방법뿐이기 때문에 나름대로 적당히 마음을 써서 힘 없는 부장을 추켜 세워주면서 일했다.

지금의 회사는 정규직과 비정규직이 섞인 혼성부대다. 게다가 정규직도 회사에 깊은 충성심을 가지고 있지 않다. 그런 회사에서 30명이 넘는 직원을 움직이는 리더의 위치에 있는 사람은 계약형태도 동기부여도 다양한 직원 한 사람 한 사람의 상황을 파악하고 어떻게 하면 의욕을 끌어낼 수 있을지 이해하여 각각 다른 방법으로 일을 시키는 고도의 커뮤니케이션 능력이 필수다. 커뮤니케이션 능력 없이는 조직을 움직이는 리더로 기능할 수 없는 것이다.

다행히 SNS를 일상적으로 사용하는 지금의 젊은 세대는 옛날 세대보다 많은 커뮤니케이션 네트워크를 가졌다. 젊은이의 잠재적 커뮤니케이션 스킬은 나와 같은 기성세대보다도 훨씬 뛰어나다. 따라서 커뮤니케이션 능력을 갈고닦아 직장 안에서 없어서는 안 될 인재로 두각을 나타내는 것이 지금 하고 있는 일의 연장선에서 강점을 가질 수 있는 하나의 방법이다.

이런 경우에는 커뮤니케이션 능력이 높은 인재가 출세할 수 있는, 조직이 큰 기업에 취업하는 것을 노려보면 된다. 그리고 조직의 젊은 이들 사이에서 영향력을 발휘하여 자신의 커리어를 한 단계씩 올려 간다. 이런 방식이라면 아무리 인공지능이 일자리를 절반 이상 소멸시키더라도 당신을 필요로 하는 회사가 있을 것이다.

머리와 몸을 모두 쓰는 일

하지만 사업 개발 같은 일은 내게는 벅찬 일이다. 그리고 커뮤니케이션도 서투른데 굳이 말하자면 커뮤니케이션 장애에 가깝다. 나와 같은 이런 사람들은 무엇을 하면 좋을까? 이런 사람들에게는 높은 연봉을 받으며 안정적인 일을 할 수 있는 가능성이 존재하지 않을지도 모른다. 하지만 세 번째 선택지로 그나마 인공지능의 영향을 받기 힘든 일을 선택하는 방법이 남아 있다.

앞으로 급속히 발전할 것이 분명한 전문형 인공지능은 이른바 화이트칼라의 전문직 일자리를 대량으로 빼앗을 것이다. 가까운 미래에는 '지식량으로 승부한다', '전문성으로 이긴다'는 종래의 고연봉 지식 노동자형 일자리는 사라진다. 그런 미래에도 아직 인공지능의 영향을 받기 힘든 일이 있다. 그것은 머리와 몸을 모두 쓰는 일자리다. 이것이 미래에 살아남기 위한 세 번째 선택지다.

앞으로 인공지능은 급속히 발전하는 반면, 로봇은 그렇게 빠른 속도로는 인간에 가까워질 수 없다고 한다. 이족보행을 하는 로봇이 등장하여 제조업과 물류업 현장에서 다양한 형태로 도입되고 있기는 하지만 앞으로 로봇의 발전에는 몇 가지 난관이 있다.

최대의 난관은 '손가락'의 재현이다. 당분간은 인간의 손가락과 같은 기능을 만들기는 불가능하다. 인간의 손가락은 지극히 잘 만들어진 기관으로 언뜻 보기에 굵고 조잡한 모습이라도 정밀한 작업을 할 수 있다. 움직임뿐만 아니라 손가락 끝은 뛰어난 감각기관이기도 하다. 뜨거움, 차가움, 무거움, 얇음, 부드러움, 약함 같은 감촉의 물리 특성을 순간적으로 이해하고 어떤 물건이라도 적절히 다룰 수 있다. 이렇게 우수한 손가락과 동등한 로봇 손은 앞으로 20년 동안은 아마도 탄생하지 않을 것이다. 탄생한다고 해도 인간만큼 저렴하게 일에 도입할 수 없다.

결국 현장에서 손가락을 사용해야만 하는 일은 기계로 대체할 수 없다는 의미다. 편의점 직원이 창고에서 박스에 들어 있는 포테이토칩을 점포로 가지고 나와 진열대에 진열하는 일은 인공지능 탑재 로봇은 흉내 낼 수 없다. 인공지능이 자율주행을 할 수 있게 되어도 택배 화물을 옮겨 고객의 자택까지 전하는 택배기사의 일은 로봇이 대신할 수 없다.

　IT와 인공지능 기술로 일본은 미국에 상당히 뒤처지게 되었다. 하지만 일본이 변함없이 미국보다도 강한 분야가 있다. 그것은 메카트로닉스 Mechatronics 다. 로봇과 산업기계처럼 컴퓨터와 기계를 융합하는 제품분야에서 일본은 세계 최첨단이라고 알려져 있다. 그러나 일본에서도 아직이다. 결국 머리와 몸을 모두 쓰는 '복합적 인재'로 활약할 수 있는 일은 당분간 인공지능으로 대체할 수 없다.

　다만 이 생각에는 한 가지 주의점이 있다. 머리와 몸을 모두 쓰는 육체노동의 일자리는 지금까지 블루칼라 혹은 현장직으로 분류되어 대부분이 그다지 높은 임금을 받지 못했다. 그래도 사라지는 일자리보다는 낫다고 생각할 수도 있지만, 만약 선택이 가능하다면 생활을 꾸려갈 수 있는 임금 수준의 일자리를 선택해야 한다고 나는 생각한다.

　사실 일이라는 것은 의외로 사회적 의의나 중요성보다 단순히 업계와 업종에 따라 임금수준이 크게 다른 경향이 있다. 따라서 육체노동 혹은 현장직의 일자리를 선택할 때는 시작부터 임금에 큰 격차가 생긴다. 이른바 육체노동 구인 정보는 구인 정보지에 수없이 실려 있다. 정보지를 차근차근 체크하다 보면 모집 임금 수준이 업계에 따라 상당히 다른 것을 알 수 있다. 이것은 각각의 직업에 대한 비하가 아니라 어디까지나 실제 임금을 참고하여 하는 이야기다.

　머리를 쓰면서 몸도 움직이는 일 중에서는 애초에 실제임금이 낮은 일이 굉장히 많다. 예를 들어 급식이나 도시락 등 대량의 식사 조리를 하는 일, 간병 및 요양에 관련된 일, 청소, 창고 작업 같은 항목에 속하는 일은 사회적인 의의도 있고 일도 힘든 것에 비해 구인란에 나오는 실제 임금의 수준은 높지 않다.

　반면 전기기능사, 측량기술사, 조경기능사, 배관기능사 같은 일은 블루칼라의 일자리이지만 현재도 연봉 400만 엔 이상의 소득을 얻을 수 있고, 10년 후의 미래에는 그 무렵의 화이트칼라 정규직보다 높은 수준일 것이다. 현재의 급여수준이 육체노동 일자리 중에서 상대적으로 높은 편인데다 인공지능이 발달한다고 해도 이런 일자리가 대체되어 소멸할 가능성은 낮기 때문이다.

　철근공, 형틀공, 건축도장공 같은 경험과 지식이 실력을 말하는 일자리나 시공관리 같은 일도 머리와 몸을 모두 사용한다는 조건에 딱 맞아 떨어진다. 건축은 저출산이 진행되는 가까운 미래에 수요가 격감할 수 있다는 불안 요소도 있지만, 수도권에는 1인 가구가 오히려 증가하여 세대수는 2035년 무렵까지 줄지 않을 것으로 예상된다. 게다가 때마다 대규모 수리 같은 관리 수요도 발생한다. 종합적으로 생각하면 적어도 앞으로 10년에서 20년 동안 건축 일은 오히려 안정적인 일자리라고 할 수 있지 않을까.

어느 쪽이든 중요한 것은 종일 컴퓨터 모니터 앞에 앉아 완성할수 있는 일은 앞으로 10년이면 대폭으로 소멸하고, 현장에 나가 머리와 몸을 모두 사용하는 일자리는 살아남는다는 것이다. 시대가 그렇게 변한 후에 현장에서 일하는 일자리로 옮기면 몸이 따라가질 못하고 정신적으로도 힘들 것이다. 처음부터 머리와 몸을 함께 쓰는 일자리에서 일을 시작하여 앞으로 일어날 일자리 소멸 시대에 대비한다는 사고방식은 젊은 세대에게 의외로 중요한 생각이 아닐까 싶다.

40대 이상이라면 지금 무엇을 하면 좋을까

마지막으로 40대 이상의 독자가 무엇을 하면 좋을지 이야기해보자. 아마도 이 세대의 독자에게는 일자리를 옮기라는 조언이 현실성없게 들릴 수 있다. 하지만 앞으로 일어날 트렌드를 보는 관점을 바꾸면 다른 방향이 보인다.

앞으로 10년 동안 인적자본의 가치는 하락한다. 자본주의 경제의틀에서 자본이란 사람, 물자, 돈으로 분류된다. 돈을 벌어주는 것은 사람의 노동력, 공장의 기계와 부동산 같은 물자, 그리고 돈이다. 물자는돈으로 살 수 있으므로 자본주의 경제를 돌아가게 하는 자본은 인적자본과 금융자본의 두 가지로 집약해서 생각할 수 있다. 그 중 인적자본의 가치가 앞으로 10년 동안 격감한다는 것이다. 이것은 앞으로 찾아올 미래에 빈부의 격차가 더욱 커질 것을 의미한다.

노동자가 노동을 해서 얻을 수 있는 대가는 점점 더 적어진다. 그러면 상대적으로 돈을 벌 수 있는 것은 금융자본이라는 이야기가 된다. 인적자본 가치의 저하는 부자에게 더욱 돈이 모이는 미래가 온다는 것을 의미한다. 분명 기업이 사람을 줄여 노동력 절감을 추진하는 목적은 생산성을 높여 이익을 확대하기 위해서다. 따라서 인적자본의 가치가 떨어지면 떨어질수록 기업의 이익은 커진다. 가장 돈을 버는 사람은 주주 즉 금융자본을 가진 사람이다.

그렇다면 이제 와서 전직을 하거나 전문 분야의 스킬을 닦아 인적자본의 가치를 올릴 여지가 적은 사람들에게는 오히려 급여가 높을 때 금융자본을 축적해두는 편이 낫다. 운 좋게 1980년대부터 90년대 전반에 정규직으로 취업하여 지금도 연봉 600만 엔 이상 받고 있는 사람이라면 앞으로 10년 동안 연봉이 400만 엔 이하로 떨어질 것을 가정하고 매년 200만 엔을 저축해보면 어떨까. 그러면 10년 동안에 2,000만 엔의 금융자본을 확보할 수 있다.

2,000만 엔의 금융자본이 모이면 그 자본을 바탕으로 돈을 불린다. 예를 들어 대도시권의 역 근처 원룸은 이 정도 금융자본으로 구

입할 수 있다. 그리고 그것을 임대하면 매월 12만 엔 정도의 임대료를 번다. 이것이 인적자본이 떨어지는 세계에서 금융자본을 확보하는 방법 중 하나다.

즉 40대가 지금 시작할 일은 전략적인 절약이다. 다만 막연히 생활수준을 내려 절약하는 것이 아니라, 10년 후에 '지금보다 플러스로 2,000만 엔의 금융자본을 확보한다'는 목표를 정하고 계획적으로 절약하여 그 목표를 달성해야 한다.

여기서 우리가 금융자본에 대해 염두에 두어야 할 것이 있다. 바로 인적자본밖에 가지고 있지 않은 사람이 부자가 될 기회는 2030년 이후에는 절망적으로 적다는 것이다. 금융업계를 비롯해 의사, 변호사, 회계사 같은 지식 노동자의 일자리는 앞으로 대부분 인공지능으로 대체된다. 세계가 급속히 평균화, 최적화되면 세상의 '돈이 되는 일'은 급격히 사라진다. 돈이 되는 일은 사회의 왜곡에 기인하는 것이 많다. 기회를 누구도 눈치채지 못하는 사이가 돈을 벌 수 있는 때이고 모두가 돈이 된다는 곳으로 몰려들면 이미 돈을 벌 기회는 끝난 시점이다. 인공지능이 그런 왜곡을 발견해 무너트리는 미래에는 틈새시장을 노려 의외로 많은 돈을 벌 기회는 격감한다.

일자리를 찾기 위한 아메리칸드림은 2030년에 끝난다. 따라서 만약 당신이 미래에 어떻게든 부자가 되고 싶다고 생각하고 있다면 지금 금융자본 확보에 힘써야 한다. 앞으로 10년 동안이 금융자본을 확보하는 마지막 기회라고 생각해야 한다.

인공지능이 일으키는 일자리의 구조 변혁은 지금까지처럼 대량의 비정규 노동자를 만드는 경향에서 일자리를 소멸시키는 경향으로 변화할 것이다. 새로운 시대에 살아남기 위해서 젊은 세대는 지금부터 일자리 선택이 중요하다. 인공지능을 비즈니스에 적용하는 사업 개발 업무, 인공지능은 할 수 없는 커뮤니케이션 기술이나 리더십을 강점으로 하는 일, 그리고 머리와 몸을 모두 사용하는 현장직, 이것이 지금을 살아가는 젊은이들이 선택해야 할 일자리다.

그리고 지금 이미 40대를 넘긴 사람들은 앞으로 10년 동안 금융자본 축적을 목표로 해야 한다. 인적자본으로는 승부를 두기가 이제는 어렵다. 하지만 아직 돈을 벌고 있다면 금융자본을 준비하는 것은 가능할 것이므로 과감하게 해야 할 일이다. 미래의 새로운 시대를 행복하게 살아가기 위해 우리는 이런 선택을 '지금' 해야 하는 인생의 기로에 서 있다.

마치며

위대한 경제학자인 존 메이너드 케인스는 '장기적으로 우리는 모두 죽는다'고 말했다.

폭풍우 치는 망망대해를 떠도는 범선의 선장에게 '3일 후에는 폭풍우가 그칠 것이다'라는 조언을 해도 아무런 의미가 없다. 문제는 지금 일어나고 있는 일이다. 마찬가지로 20년, 30년 후의 예측도 중요하지만 경제학은 주로 현재부터 가까운 미래의 문제를 해결하지 않으면 도움이 되지 않는다는 것이 대공황을 이겨내는 처방전을 그리려고 했던 케인스가 하고 싶었던 말이다.

작년 여름에 고단샤에서 《일자리 소멸: AI 시대에 살아남기 위해 지금 우리가 할 수 있는 것》이라는 책을 발간했다. 2045년에 도래할 것으로 예상되는 특이점의 날, 인공지능의 성능이 전 세계의 인간의 두뇌를 더한 것보다도 높은 수준이 될 날을 경계로 인류의 생활은 전혀 다른 차원으로 이행한다고 한다. 그날을 향해 장기 과제를 제시한 것이 주된 내용이었다.

이 책은 커다란 반향을 불러 일으켰다. 인공지능의 딥러닝이라는 신기술이 세상에 나온 2012년을 경계로 이전까지의 세상의 전제가 크게 뒤집어졌다. 그 사실에 빠르게 경종을 울려 앞으로 30년 동안에 일어날 일을 제시해준 것에 대한 감사의 인사를 많이 들었다.

반면 그 책 내용에 불만을 느낀 독자도 적지 않았다. '장기적으로 우리 일자리는 전부 소멸된다는 것은 이해했다. 하지만 앞으로 10년 동안 어떻게 살면 좋은지 전혀 모르겠다'는 의견이었다.

정말로 그랬다. 지금의 최대 경영 과제는 인력 부족이다. 아무리 해도 사람을 구할 수 없다. 택배 현장에서도, 소매 현장에서도, 음식점에서도 사람이 부족한 것이 경영의 최대 난관이 되었다. '일자리 소멸 같은 허황된 이야기를 할 때가 아니다. 일자리가 있는데도 사람이 없으니 곤란하다'는 것이 현실의 폭풍우 속에서 경영의 방향키를 잡고 있는 경영자들의 마음인 것은 틀림없다.

하지만 이 상황은 앞으로 더욱 혼란스러워질 것이다. 사람이 부족한 반면 일자리도 사라지기 시작했기 때문이다. 인공지능이 컴퓨터로 할 수 있는 영역의 일자리를 차례차례 수행하는 세상이 도래했다. 앞으로 5년 후만 생각해도 자율주행차의 출현, 핀테크 발전에 따른 금융업계의 격변, RPA에 따른 사무 작업 무인화 등 수백만 명 규모의 일자리가 사라질 것으로 예상된다.

문제는 이런 '일의 혁명'이 당분간은 완전하지 않은 발명품이 될 것이라는 점이다. 칼에 베인 상처라도 날카로운 칼날에 한 번에 베였다면 낫는 것도 빠르다. 하지만 만약 칼날이 무디다면 상처가 아프기도 하지만 오랫동안 잘 낫지 않을 수도 있다. 칼날이 무딘 변화의 바람이 앞으로 5년 후의 미래에 사회 곳곳으로 확대될 것이다.

또한 이런 무딘 혁명, 불완전하면서 인간의 일자리를 어느 정도 지원할 수 있는 IT의 발명품은 과거부터 노동시장에 큰 영향을 주었다. 디플레이션 문제, 비정규 노동자 증가, 노동개혁 등은 불완전한 인공지능의 발전에 따라 안팎으로 일어나고 있는 현재 진행형의 사회 문제다. 부의 불균형이 확대되고 새로운 형태의 하류층 인구가 증가하는 현대 사회의 거센 파도 속에서 어떻게 살아남으면 좋을까. 이것이 대중이 기다리고 있는 연구이고 경제학에 종사하는 연구자가 해명해야만 할 책무다.

이 책은 그런 관점에서 현대 사회에 일어나고 있는 현상을 인공지능의 발전과 엮어서 해명하고, 가능한 구체적으로 지금의 인공지능 문제를 사회학·경제학 관점에서 설명하는 것에 주안점을 두었다. 이 책이 앞으로 올 미래를 적확히 예측했는지, 그리고 얼마나 독자의 기대에 부응했는지는 몇 년 후 평가를 기다릴 수밖에 없다. 하지만 문제는 현재 진행형으로 일어나고 있다. 독자 여러분이 지금 판단을 내리는 데 이 책이 조금이라도 도움이 되었으면 하는 바람이다.

이 책의 집필에 있어서 이 문제에 관심이 있는 다양한 사람들과 다양한 형태로 의견을 나눴다. 한 사람 한 사람의 이름을 여기에 올릴 수는 없지만 많은 분들이 연구회에 초대해주고, 강연회를 개최해주고, 인공지능에 관련된 보도 프로그램에도 많이 불러주었다. 이런 자리에서 나눈 논의는 이 책의 중심축이 되었다. 도움을 주신 모든 분들께 깊은 감사의 인사를 전하고 싶다.

이 책을 읽은 분들은 이해했겠지만 인공지능이 일으킬 노동 환경의 대변화는 지금 이 순간에도 일어나고 있다. 이 변화 속에서 어떻게 살아남아 어떻게 행복한 미래를 구축해 갈까. 한층 더 깊은 논의가 우리를 기다리고 있다.

스즈키 다카히로 鈴木貴博

AI 시대, 절반의 직업이 사라진다

당신의 일은 안녕하십니까

초판 1쇄 2019년 3월 11일

지은이 스즈키 다카히로
옮긴이 부윤아
펴낸이 전호림
책임편집 김은지
마케팅 박종욱 김선미 김혜원

펴낸곳 매경출판㈜
등록 2003년 4월 24일(No. 2-3759)
주소 (04557) 서울시 중구 충무로 2(필동1가) 매일경제 별관 2층 매경출판㈜
홈페이지 www.mkbook.co.kr
전화 02)2000-2630(기획편집) 02)2000-2645(마케팅) 02)2000-2606(구입 문의)
팩스 02)2000-2609 **이메일** publish@mk.co.kr
인쇄·제본 ㈜M-print 031)8071-0961
ISBN 979-11-5542-946-4(03320)

이 도서의 국립중앙도서관 출판예정도서목록(CIP)은 서지정보유통지원시스템 홈페이지(http://seoji.nl.go.kr)와 국가자료공동목록시스템(http://www.nl.go.kr/kolisnet)에서 이용하실 수 있습니다.
(CIP제어번호:CIP2019004370)